社会不安障害を学び緊張しない自分になる

总想离人远一点

社恐人自助指南

[日] 幸树悠 ◎ 编著
谢世奇 ◎ 译

中国纺织出版社有限公司

Shakaifuanshogai wo manabikinchoshinaijibunninaru
Copyright © 2021 Yu Yuki
All rights reserved.
First original Japanese edition published by JMA Management Center Inc. , Japan.
Chinese (in simplified character only) translation rights arranged with JMA Management Center Inc., Japan.
Through CREEK & RIVER Co., Ltd. and CREEK & RIVER SHANGHAI Co., Ltd.

著作权合同登记号：图字：01-2024-4668

图书在版编目（CIP）数据

总想离人远一点：社恐人自助指南／（日）幸树悠编著；谢世奇译. -- 北京：中国纺织出版社有限公司，2025.2. -- ISBN 978-7-5229-2297-3

Ⅰ.C912.3

中国国家版本馆CIP数据核字第2024ZB9084号

责任编辑：柳华君　　责任校对：王蕙莹　　责任印制：储志伟

中国纺织出版社有限公司出版发行
地址：北京市朝阳区百子湾东里A407号楼　邮政编码：100124
销售电话：010—67004422　传真：010—87155801
http://www.c-textilep.com
中国纺织出版社天猫旗舰店
官方微博 http://weibo.com/2119887771
河北延风印务有限公司印刷　各地新华书店经销
2025年2月第1版第1次印刷
开本：787×1092　1/32　印张：6
字数：109千字　定价：55.00元

凡购本书，如有缺页、倒页、脱页，由本社图书营销中心调换

前言

工作中面临跳槽或职位调动，或在业余决定报班学习一门兴趣爱好等，很多人置身于陌生的环境时都会感到紧张不安。"人际关系能处理好吗……""别人会不会觉得我能力不足啊……"人们会产生各种各样的担忧。如果这种不安感过于强烈的话，在精神医学领域，就被称为"社交恐惧症"。

在"社交恐惧症"中，存在着极度害怕打电话的"电话恐惧症"，以及面对他人时手或身体发抖的"震颤恐惧症"等。

在有着根深蒂固的"耻感文化"的社会中，内向害羞的人较多，导致社交恐惧症的情况迄今为止并不为人所熟知。

然而，无论是在工作中还是生活中，人们需要在公众面前亮相的场合都很多。如果在关键的商务洽谈或课题发表等时刻，由于害羞或紧张而无法发挥真正的实力，之前的准备就会付诸东流。

这种失败经历不断累积，会对我们的人生产生负面的影响，所以我们必须阻止这种趋势。

鉴于此，本书将带大家深入理解"社交恐惧症"，并介绍缓解和克服它的方法。

由衷地希望大家能够通过阅读本书，过上丰富多彩的人生。

幸树悠

目 录

第1步　认识社交恐惧症

- 01　什么是社交恐惧症⋯⋯⋯⋯⋯⋯⋯⋯⋯⋯⋯⋯⋯⋯2
- 02　社交恐惧症包括哪些类型⋯⋯⋯⋯⋯⋯⋯⋯⋯⋯6
- 03　测试你的社交恐惧水平⋯⋯⋯⋯⋯⋯⋯⋯⋯⋯⋯12
- 04　我们为什么会害怕他人⋯⋯⋯⋯⋯⋯⋯⋯⋯⋯⋯16
- 05　社交恐惧症的基础治疗方法⋯⋯⋯⋯⋯⋯⋯⋯⋯22
- 06　紧张和焦虑会在行为中体现⋯⋯⋯⋯⋯⋯⋯⋯⋯28
- 07　错误认知造成的恐惧⋯⋯⋯⋯⋯⋯⋯⋯⋯⋯⋯⋯34
- 08　缺乏自尊会导致紧张不安⋯⋯⋯⋯⋯⋯⋯⋯⋯⋯40
- 09　大胆行动起来⋯⋯⋯⋯⋯⋯⋯⋯⋯⋯⋯⋯⋯⋯⋯46
- 专栏1　有社交恐惧症的人是能力出众的人才吗⋯⋯52
- 理解度测试⋯⋯⋯⋯⋯⋯⋯⋯⋯⋯⋯⋯⋯⋯⋯⋯⋯⋯54

第2步　灵活应对社交恐惧症

- 01　改善心情，克服紧张⋯⋯⋯⋯⋯⋯⋯⋯⋯⋯⋯⋯56
- 02　试着培养良好习惯⋯⋯⋯⋯⋯⋯⋯⋯⋯⋯⋯⋯⋯60
- 03　尝试改变睡眠习惯⋯⋯⋯⋯⋯⋯⋯⋯⋯⋯⋯⋯⋯64
- 04　消除焦虑和恐惧的方法⋯⋯⋯⋯⋯⋯⋯⋯⋯⋯⋯70
- 05　正面情绪和负面情绪都很重要⋯⋯⋯⋯⋯⋯⋯⋯76
- 06　扮演其他角色避开焦虑情绪影响⋯⋯⋯⋯⋯⋯⋯82
- 专栏2　你是否把周围的人当成了敌人⋯⋯⋯⋯⋯⋯88
- 理解度测试⋯⋯⋯⋯⋯⋯⋯⋯⋯⋯⋯⋯⋯⋯⋯⋯⋯⋯90

第3步　提高沟通能力

- 01　什么是良好的沟通⋯⋯⋯⋯⋯⋯⋯⋯⋯⋯⋯⋯⋯92

02	与他人熟悉起来，让交流更轻松	98
03	运用镜像模仿技巧与他人熟悉起来	104
04	改变不了紧张情绪，就改变说话方式	110
05	积极引入身边的话题来拉近关系	116
06	在提出方案时把不足也告诉对方	120
07	语言之外的沟通工具	124
08	不要把别人的恶意放在心上	128
09	扮演倾听者的角色	134
10	一点一点地表现出自己的想法	140
专栏 3	哪些疾病会让人害怕与他人沟通	146
理解度测试		148

第4步　如何缓解他人的紧张情绪

01	身边人的支持非常重要	150
02	通过给人留下热情的印象来消除紧张感	154
03	通过赞美对方来营造亲近的氛围	160
04	怎样与紧张的人交流	166
05	在责备他人前要注意这几点	172
专栏 4	不要忽视他人发出的疲惫信号	178
理解度测试		180

参考书籍	181
术语索引	182

第1步
认识社交恐惧症

很多人身处公众场合时，会感到紧张和不习惯。这意味着你可能患有社交恐惧症。

01 什么是社交恐惧症

对人际接触感到焦虑的心理疾病

"社交恐惧症"可能是一个不太常听到的词。它是一种过去曾被称为"对人恐惧症"的精神疾病。

每个人都可能会在公众场合紧张得心跳加快甚至汗流不止,但如果感到过度焦虑、恐惧,甚至对日常生活造成不良影响,那就是患上了"社交恐惧症"。在公众场合或者与他人接触时,哪怕只是正常的沟通交流也会让患者感到强烈的不安,他们一旦觉得"好尴尬""大家都在看着我",就会变得越发焦虑,平时可以顺利完成的事情也会突然之间变得无法做到。在某些情况下,患者由于无法忍受内心强烈的焦虑不安,甚至会出现避免与人接触的症状。

那么，为什么当人们感到紧张不安时，身体也会受到影响呢？这是因为，自主神经之一的交感神经会在此时变得活跃。任何人身上都会产生这种情况，但其症状存在个体差异。有些人会满脸通红、大量出汗，反应明显；有些人看起来完全不紧张，但实际上内心充满了焦虑。

日本约0.7%的人口患有社交恐惧症，发病年龄多在10~30岁

正如前述，随着各国研究的不断深入，曾被称为"对人恐惧症"的这种疾病，逐渐被称为"社交恐惧症（Social Phobia）"或"社交焦虑症（Social Anxiety Disorder）"。依据症状的不同，有时也会被诊断为脸红恐惧症、视线恐惧症、注视恐惧症等病名。

研究显示，日本约0.7%的人口患有社交恐惧症，这绝非一个小数目。此外，该疾病多发于14到25岁，正好与青春期重合。在现实生活中，乍看上去只是从小性格内向害羞，实际上却患有心理疾病的例子并不少见。

身边的人应及时察觉并对其进行治疗

十几岁到二十几岁的人最容易患上社交恐惧症，这意味着小学生和中学生也有可能患上这种心理疾病。当自我意识觉醒、进入青春期时，每个人都会变得更加在意他人

第1步

的目光，对和亲朋好友的关系也更加敏感。在这个阶段，人们可能会因担心他人对自己的看法和评价，而处于一种过度紧张的状态之中，并因此在后续的成长过程中产生问题。

因此，有一点至关重要，那就是周围的家人、朋友和学校的老师要能够对此有所察觉并给予支持，本书在第4步中也会对此进行探讨。如果发病年龄较小，人们可能会错误地认为"这只是因为正值青春期而感到害羞"，或者"这是他的性格使然，等他长大就好了"，从而忽视了这是一种心理疾病的可能。患者本人可能也会产生误解，认为"不擅长在人前表现"是自己的缺点，或者认为自己是因为精神意志薄弱所以才会这样，并因此否定自己。

更严重的问题是，如果放任社交恐惧症发展，可能会诱发抑郁症、成瘾症等其他疾病。这些疾病可能诱使患者自杀或成为蛰居族。因此，让更多人认识到社交恐惧症是一种可以治愈的疾病，并向那些饱受病痛折磨的人伸出援助之手是非常重要的。

当然，社交恐惧症不仅发生在年轻人身上，也有患者在成年后才出现症状。不擅长与人沟通，总感觉自己被周围的人注视而感到焦虑不安，不想与任何人接触……如果你的内心已遭受着这样的折磨，应果断接受诊疗。

第1步 第2步 第3步 第4步

如果放任社交恐惧症发展，可能会诱发其他疾病

如果放任社交恐惧症发展，可能会诱发其他疾病

可能会导致多种并发症，如抑郁症，成为蛰居族等，甚至会致使患者轻生

要点

这是一种可以通过治疗痊愈的心理疾病
不要把它误以为是自己的性格缺陷

02 社交恐惧症包括哪些类型

在人前抛头露面会感到强烈的不适

在这一部分,我们讲解的是社交恐惧症出现的情境以及其体现出的症状。

其中最典型的是在公众场合讲话的情境。不仅限于会议和发表演讲等人多的公众场合,患者在接待客人及招呼问候等与人一对一沟通的情境中也会感到浑身不自在。此外,在研讨会等场合被要求发表意见时,也会过度紧张。还有一些人会对闲聊感到无所适从。虽然在例行与人联络和沟通时不会感到压力,可一旦开始自由对话,就不知道该说些什么。

第1步 第2步 第3步 第4步

在这些情况下,患者会出现面部潮红、出汗等症状。此外,还可能会大脑一片空白,忘记应该说的话,在对话中回答得不知所云。

这样的痛苦经历不断重复,"如果脸再红了怎么办""被别人看到我出这么多汗好尴尬""如果说错话会闹笑话、讨人嫌"等消极情绪会不断累积,使人渐渐变得害怕在人前露面,一露面就紧张,不愿意与任何人接触,内心被恐惧和不安支配。这会导致其与朋友疏远,与恋人或伴侣的沟通变得痛苦,并逐渐使其变得孤独。进一步发展成抑郁症或蛰居族等心理疾病的例子也不罕见。

我们可以举一个例子,在诸多症状中,有一种手不断发抖的症状被称为"书写恐惧症"。当患者需要在人们面前写字时,他的手会变得颤抖,无法工整地书写。

例如,开会时在白板上写字,在婚礼或派对的接待处写名字时,就可能会出现这种症状。此外,在与初次见面的人交换名片、倒茶或一同就餐时,拿筷子或餐具的手也可能会颤抖。近年来,还出现了一种被别人注视时无法操作电脑的症状。这些症状有一个共同的特征,那就是在有人注视时才会发生,在独自一人时则不会出现。

视线恐惧症、电话恐惧症等各种症状都会出现

有些人无法忍受他人投向自己的目光。一旦意识到周

第1步 第2步 第3步 第4步

围的人在注视自己,他们就会极度紧张,以至于会把脸转开以避免目光接触,这常常会让对方感到不舒服。这样的情况可能导致人际关系出现裂痕,给工作和日常生活带来影响。

此外,有时候我们会很在意自己在别人眼中的形象,担心自己的言行举止或着装会不会让人感到格格不入,会不会被嘲笑或讨厌,因而感到十分焦虑。在派对、大型活动等聚集了很多人的场合,有些人不希望自己形单影只的样子被别人看到,因为他们很担心别人会不会以为自己是因为没有朋友,或者没有任何人愿意搭理自己才孤身一人的。

不管是哪一种情况,实际上周围的人都没有什么特别的想法,但是患者却总是误以为别人的目光充满敌意,这是社交恐惧症的特征之一。

像这样,对他人的目光感到极度不自在和厌恶的症状,被称为社交恐惧症中的"视线恐惧症"。除此之外,还有一些其他症状,比如打电话的时候不想被别人看到的"电话恐惧症[1]",或者担心自己的体味或口臭被人察觉的"体臭恐惧症"等,社交恐惧症存在各种各样的症状类型,甚至有部分患者会同时出现多种症状。

---

[1] 狭义的电话恐惧症是指厌恶或害怕打电话的恐惧症。——译者注

各种社交恐惧症的例子

■对人恐惧症
在与他人接触时感到焦虑不安

■脸红恐惧症
害怕自己在他人面前会脸红

■演讲恐惧症
害怕在很多人面前讲话

■电话恐惧症
害怕他人听到电话内容,或者害怕与自己打电话的人

■聚餐恐惧症
在会餐地点进餐时害怕被别人看到

■视线恐惧症
害怕别人投向自己的目光

■震颤恐惧症
在他人面前手和身体会发抖,并且害怕被别人察觉

■腹鸣恐惧症
害怕自己肚子发出的声音被别人听见

■小便恐惧症
在公共厕所如厕时,如果身边有人就无法正常小便

■书写恐惧症
在人前写字时手会颤抖,无法工整地书写

■出汗恐惧症
害怕自己出汗被别人发现

■体臭恐惧症
担心自己的体味或口臭被人察觉

第1步　第2步　第3步　第4步

越是有强烈上进心的人，越容易受消极情绪的支配

在工作中，人们需要向客户做文稿演示、主持会议、与初次见面的人进行销售谈判等，这些商务场合中有非常多令人紧张的情境。无论一个人精神意志再怎么强，内心都可能有这样的担心："如果没讲清楚怎么办……""搞砸了可能会给公司造成损失……"

患有社交恐惧症的人会更加强烈地感受到这种紧张、不安和恐惧，并表现出前述的各种症状，乃至对日常生活造成影响。患者的内心往往充满了负面的想象，总觉得自己的紧张和不安一旦被别人察觉，自己就会被认为是个失败者，遭人嫌弃，于是心中的焦虑和不安变得越发强烈。

实际上，隐藏在这种恶性循环背后的，往往是"我想把工作做好""我想取得一个好的结果""我想得到大家的认可"等正面情绪。也就是说，越是有责任感、上进心强、严谨认真、追求完美的人，往往越会过度考虑失败的后果。可以说，正是这种渴望成功的积极情感，最终导致了不安和恐惧等消极情绪的产生。

此外，如果幼年时期在公众面前有过失败、被耻笑、被责骂、被嘲弄等消极经历的话，这些经历就可能成为社交恐惧症发作的诱因。成年后，一旦遇到与那段消极经历相同的情境，患者内心就可能会反复回忆当时体会到的焦虑与恐惧，不断地自己给自己施加压力。

隐藏在消极情绪背后的积极情绪

"想要让自己的能力被大家认可""想要让工作取得成功"等愿望越强烈,就越倾向于过度考虑失败的后果

要点
强烈的焦虑不安和恐惧产生于与他人的接触

03 测试你的社交恐惧水平

先从了解自身的状况开始

正如第1节最后所提到的,社交恐惧症可以被治愈。常见的治疗方法有药物疗法和认知行为疗法。而在克服社交恐惧症之前,我们首先需要知道自己是否确实患有社交恐惧症,以及所患社交恐惧症的严重程度。

在下一页,有一个用于检测社交恐惧水平的检测表,你可以根据自己的感受给每个问题打分。如果你对某个问题完全不感到焦虑,则打0分;如果只是略微感到焦虑,则打1分;如果感到焦虑,则打2分;如果感到非常焦虑,则打3分。

第1步　第2步　第3步　第4步

社交恐惧水平检测

问题	得分
1. 在他人面前打电话	
2. 参加人数不多的团体活动	
3. 在饭店等公共场合就餐	
4. 在店里与他人一起喝酒	
5. 在商店办理退货	
6. 同上级对话	
7. 在很多人面前讲话	
8. 被很多人注视	
9. 参加派对等聚集性活动	
10. 举办派对等聚集性活动	
11. 在被他人注视的情况下工作或学习	
12. 在被他人注视的情况下写字	
13. 进入一个有人等候你的场所	
14. 与陌生人交谈	
15. 对陌生人的意见表示反对	
16. 与陌生人对视	
17. 给陌生人打电话	
18. 与陌生人见面	
19. 去公共厕所如厕	
20. 在会议中表达自己的意见	

问题	得分
21. 参加考试	
22. 在关系好的人面前汇报	
23. 约某人出去玩	
24. 拒绝执拗的推销员	

自助检测的判定

自助检测的结果怎么样呢?对以上问题,从"完全不感到焦虑"到"感到非常焦虑"分别进行了评分后,根据总得分可以测出社交恐惧症的水平。

- **0~15分:正常**
- **16~25分:处于社交恐惧症的边缘**
- **26~44分:中度**
- **45分以上:重度**

得分为0~15分的人可以说基本上没有社交恐惧症,即便遇到某些令自己有些许焦虑不安的要素,也可以通过调整心态来迅速改善。

得分为16~25分的人处于社交恐惧症的边缘,得分为26~44分的人有中度的社交恐惧症,他们可能会感到比未患社交恐惧症的人更强烈的焦虑不安,或者虽然能够正常应对日常生活,却在人际交往和工作等情境中感到痛苦。不过患者往往具备自己的应对方式,可以设法释放出负面情绪。

得分为45分以上的人属于重度社交恐惧症患者，他们会对进入公共场合或步入社会感到强烈的焦虑不安和紧张。受其影响，部分人可能会在日常生活中遇到阻碍，无法正常工作或缺乏参与社会生活的能力。如果通过以上测试，发现自己患有严重的社交恐惧症，请立即前往医院接受检查。

请牢记社交恐惧症是可以治愈的

如果在刚才的自助检测中得到了不太好的结果，也请不要担心。社交恐惧症是一种可以治愈的疾病。

向家人或值得信赖的朋友寻求帮助，去医院等机构接受检查是非常重要的。第4步中也会谈到这一点，像这样由周围的人提供的支持被称为"社会支持"，社会支持对于克服社交恐惧症起着至关重要的作用。

此外，还有很多克服社交恐惧症的方法，由衷希望本书能通过介绍心理学的知识，为患者攻克社交恐惧症指明方向。

还有的患者可能认为社交恐惧症是自身的缺陷。但是，害怕与人交流接触，其实与害怕幽灵、害怕打雷等情形是一样的。短时间内可能会感到痛苦而艰辛，但为了今后能过上幸福快乐的人生，我们来一步步克服社交恐惧症吧！

要点

先通过自助检测了解自己

04 我们为什么会害怕他人

社交恐惧症患者的大脑是如何运作的

如前所述,社交恐惧症过去曾被称为"对人恐惧症"。社交恐惧症指的是对他人的存在感到强烈的恐惧,进而无法正常与他人进行沟通的心理状态。尽管对社交恐惧症的医学研究已经取得很大的进展,但是症状出现的原因尚不明确。不过根据现有研究可以确定,脑内控制焦虑和恐惧情绪的杏仁核的活跃会导致病情发生。

除此之外,由于心理治疗内科[1]等机构开具的抗抑郁药物对其有一定的治疗效果,故也有观点认为脑内的神经

---

[1] 对应中国的精神科或心身医学科。——译者注

递质5-羟色胺的减少与之有关。

反复焦虑不安与紧张……打破恶性循环很重要

虽然还存在医学研究尚未探明的部分，但我们已经基本明确了社交恐惧症产生自怎样的心理活动。

大多数的社交恐惧症患者都曾有过在他人面前失败或蒙羞的经历。由于当时体验到了强烈的不安和恐惧，他们变得害怕与他人进行交流，一想到自己和他人接触时可能会重蹈覆辙，就会越发紧张不安。

在第2节也提到过，容易患社交恐惧症的，往往是那些想要好好表现自己的完美主义者，他们不希望别人察觉到自己紧张不安的情绪，于是拼命想要把它隐藏起来。患者经常会过于担心自己会被别人瞧不起、被当作废物或被嫌弃。这种念头使得他们紧张不安的情绪不断膨胀，跟他人的接触变得更加痛苦，导致他们陷入一个恶性循环，直至丧失与外界沟通交流的能力。

此种状态长期持续，不仅会使社交恐惧症加重，还可能诱发抑郁症，或者导致患者成为蛰居族。缓解与他人接触时紧张不安的情绪，打破恶性循环是至关重要的。社交恐惧症患者同样会害怕与医生的交流，因此倾向于回避去医疗机构就诊。在这种痛苦成为常态之前，切不可忘记向专家寻求帮助。

缓解紧张与不安的小技巧

接下来，我将介绍一些缓解不安和紧张的具体方法。技巧在于稍微改变一下自己的思考方式，让自己逐渐习惯与他人进行交流。

对于患者，他们往往处于一种自我意识过剩的状态，非常在意自己在他人眼中的形象。

在这里，我想让大家注意一点，那就是"他人并没有那么在意你"。感觉自己的不安和紧张会暴露给对方，实际上只是一种误解。就算看起来确实如此，他人也并不会很在乎。

关西大学的远藤由美教授进行了一个实验。她让一个人在公众面前讲话，然后调查他的紧张情况对听众的影响。结果是，讲话的人非常紧张，但听众却感觉"他好像并不是很紧张"。

如果你在不久的将来有在公众面前作报告的机会，请回想一下这个实验。然后，在演讲开始时说"我很紧张，对不起"或"我不擅长在公众面前讲话，还请大家俯听"等，这样做不仅可以让自己放松，同时也会使听众露出微笑，使气氛变得轻松愉快。即使失败了，也没有关系，重新再来一次就行了。

不知道大家有没有听说过，在面试等场合，如果感到紧张，老老实实地说"我很紧张"就可以了。重要的不是说话是否流利，而是如何传达自己的想法。

第1步 第2步 第3步 第4步

另外，如果害怕面对面沟通的话，不要勉强自己去交谈，可以先集中精力聆听对方说的话。简简单单地微笑着点头附和，就足以让对方畅所欲言，在和你的交流中感到轻松愉快。

最关键的是，要一点一点地积累与他人顺利沟通的成功经验。这样，不知不觉间你就会变得自信，逐步减轻紧张不安的情绪。

在他人面前缓解恐惧情绪的小技巧

① 深呼吸和冥想

紧张不安的情绪会让呼吸变浅，通过深呼吸可以镇定自己的情绪。配合呼吸法的冥想也很推荐

② 仔细聆听对方的话

如果不善言辞的话，就把精力放在聆听对方说的话上吧。认真倾听的态度会让对方也敞开心扉

③ 不要强迫自己做到尽善尽美

即使失败了，再试一次不就行了？改变心态，可以缓解紧张不安，更能让自己正常发挥

④ 拾起自信，提高自我肯定感

你是否觉得自己一无是处呢？重新审视自己的优点和自己努力达成过的事情，可以让自己变得自信

第1步 认识社交恐惧症 | 19

第1步 第2步 第3步 第4步

在负面情绪和压力中自我保护的"防御机制"

除了在他人面前出汗、脸红和发抖等症状,社交恐惧症还有可能引起腹痛和呕吐。心理学认为,过度紧张不安所导致的身体状态变化,是一种"防御机制"。

这里的防御机制是指,在遇到讨厌的事物或面对巨大的精神压力时,个体在潜意识里想要逃避不快的心情和负面情绪,保持精神稳定,对自我进行保护的心理机制。

小时候不想去上学时,脑袋和肚子就真的疼了起来,大家有没有这样的经历呢?这是个体想要逃避讨厌的事物、身心负担和压力的防御本能。基本上,这种情况发生之后,到了吃晚饭时我们的身体就会好起来,讨厌的事物和压力从身边消失之后,身体状况就能得到恢复。

"感到巨大的压力"="身体状况恶化"

对于在人际交往中感到痛苦的人而言,这样的防御机制很可能发挥着作用。不仅如此,还有部分人因为无法跟人进行顺畅的沟通,对自己没有自信,所以可能会启动防御机制,一味地显摆对方理解不了的专业知识,或无视对方的反应,自说自话。有这种倾向的人,可以向值得信赖的工作伙伴或朋友坦白自己有社交恐惧症的事实,向他们寻求帮助。让对方在你出现防御机制的症状时,用温柔的话提醒你,如"你还好吗?先冷静一下吧"。有人能够理解你的心理状态,会有助于你放松心情。请尝试一下这种方法。

防御机制有多种模式

① 寻找借口将自己的行为正当化

当不利于自己的情况产生时,就会寻找自己能够接受的借口,比如"都是因为时间不够,所以没办法"等,将自己的行为正当化

② 压抑自身的欲望

认为自己无法实现自己的愿望、满足自己的欲求,在无意识中压抑自我。这些情感郁结于心,给自己造成压力

③ 通过替代途径满足欲望

无法满足自己真正的欲求,于是选择替代途径来满足自己。比如,无法去海外旅行时,就去吃意大利料理作为代替

④ 逃避艰难的现实

在受到上司批评时感到困倦等,是在无意识地逃避痛苦的现实

要点

控制防御机制,坦然面对社交恐惧症

05 社交恐惧症的基础治疗方法

传统的药物疗法

第4节的开头部分也有所提及,治疗社交恐惧症时常常采用药物疗法。

一般认为,已投入使用的这几类药物,如选择性5-羟色胺再摄取抑制剂(SSRI)和可治疗焦虑的药物等抗抑郁药,对社交恐惧症有治疗作用,但同时缺点也很明显,如复发率高,容易产生药物依赖。采取药物治疗看起来方便快捷,但是用药过度的话,个体会因药效过强而受到伤害。

要克服社交恐惧症,有一点至关重要,那就是患者本人治愈疾病的强烈信念。不只是依赖药物,而是通过各种各样的手段来克服它,效果将更为理想。

有观点认为,对于社交恐惧症的治疗,在施行药物疗法的同时,联合其他的治疗方法是很必要的。其中就包括认知疗法和理性情绪行为疗法。

认知疗法是由美国精神科医生亚伦·贝克开创的一种用于治疗抑郁症的疗法。社交恐惧症与抑郁症有很强的联系,所以认知疗法被认为对社交恐惧症也有疗效。

尝试使用认知疗法来治疗社交恐惧症

每个人都有失败或因失败而受到责骂的经历,在这些事情的影响下,就可能产生诸如"我真没用……""我无论如何也办不到……"之类的负面想法。这些负面的思考被称为"(负性)自动思维",主要包括以下几类:

- **心理过滤**:总是盯着事物的消极面
- **妄下结论**:通过主观臆测进行判断
- **过度概括**:以偏概全,从偶然事件扩大到整体
- **夸大或缩小**:过分夸大事物不好的一面,过分贬低事物好的一面
- **罪责归己**:把与自己无关的事情联系到自己身上
- **非此即彼**:用非黑即白的视角看待事物

认知疗法会引导患者正确认识负性自动思维,帮助他们脱离这样的思维方式。换句话说,即通过心理咨询等方式,将人的消极想法转变为积极的想法。

例如,有些人在会议等有很多人的场合无法把话说

第1步 第2步 第3步 第4步

好,总是担心自己说错话。对于这样的患者,首先要听取他的倾诉,弄清楚他内心的真实感受,然后通过沟通减少他的消极想法。

有效的沟通范例如下图所示,目标在于打破患者本人的负性自动思维。

通过认知疗法转化为积极的思维

事件

在会议等情境中不能把话说好,因此变得消沉

▼

负性自动思维

产生"自己没有能力,别人对我的评价也会降低吧"的想法,否定自己(过度概括)

▼

施行认知疗法

告诉患者:"无论是谁都会有犯错的时候,没把话说好不是因为你没有能力。可能是当时的气氛让人难以开口,或者听话人的态度有问题。"从而使他的思维方式变得更积极

从根本上断绝消极情绪的理性情绪行为疗法

美国临床心理学家阿尔伯特·艾利斯提倡的理性情绪

行为疗法认为，对于某事件的非理性信念，是个体紧张不安的原因，治疗的目标在于让其信念合乎理性。

治疗中使用的方法被称为"ABCDE理论"，其要素如下。

A：事件或逆境（Adversity）

B：信念体系（Beliefs）

C：结果（Consequence）

D：反驳（Disputing）

E：效果（Effects）

首先在A的"事件或逆境"中，列举出自己产生消极情绪的具体事件。在前文的例子中，列举出的事件就是"在会议中不能把话说好"。

接下来在B的"信念体系"中，要把自己对该事件持有的信念弄清楚。"自己不能把话说好，可能会导致他人对自己的评价降低"，这样毫无根据的信念即是一个例子。

此外，在C的"结果"中，明确自己由于这个事件产生了什么样的情绪，可能会采取什么样的行动。比如"在别人面前说不好话，真是丢脸""我不要再体会失败的滋味了，再也不想在人前抛头露面了"等。

一旦弄清楚了自己的想法，在D的"反驳"环节，就能察觉到自己抱有的信念是错的，从而转变成有建设性的思维方式。在上面举出的例子中，就可以得出"单单一次没有把话说好，也不会让别人对我的评价下降多少"的结论。

最后是E的"效果"环节。通过反驳消极的信念，就会产生不同以往的思考方式。如"这次没说好，下次继续努力吧！"这样，想法也会变得更积极。

持有绝对化思维的人更容易产生非理性信念

在理性情绪行为疗法中，运用到了将消极信念转化为积极信念的方法。艾利斯认为，容易产生这些信念的，往往是持有绝对化思维的人。这样的绝对化思维会不受患者本人意志控制，压抑他们的行为，使得其对生活感到不适应，累积巨大的压力。我们每个人都是拥有个人意志的个体，而非机器。每个人都有自己的想法，不可能事事都如自己的意。

如果你受到了非理性信念的折磨，可以在下一页的"ABCDE理论"中填入自己的经历，将你的内心从导致负面情绪的信念所带来的压力中释放出来。

第1步 第2步 第3步 第4步

运用"ABCDE理论"消除负面信念

A：发生了什么事

B：对此有没有负面的信念

C：当时产生了什么情绪

D：对信念进行反驳

E：反驳之后你的情绪有什么变化

要点
深陷负面情绪之前，向别人寻求帮助吧

06 紧张和焦虑会在行为中体现

人的姿态是心态的体现

社交恐惧症患者在与他人沟通时,会产生紧张不安的情绪。"我紧张焦虑到快要崩溃了,这副样子要是被别人注意到了,别人会嘲笑我吧。"一旦内心开始这样胡思乱想,就会越发不敢与他人沟通了。

为了不让自己陷入此种恶性循环的旋涡,我们需要理解自己的身体状态和行为,调整自己的心态。人体的构造是非常精密的,内心稍有动摇,就会表现在手脚的动作和目光的变化上。

社交恐惧症的症状出现时,请尝试着跳出自身的束缚,俯瞰一下自己吧!这样可以客观地判断自己内心的状态。

用开放姿势缓解紧张感

请想象一下在感到紧张不安的时候,自己的身体是怎样的姿势吧。是否是双手交叉抱在胸前,或者双腿交叉呢?

心理学认为,像这样把双手或者双腿交叉在一起的动作,是个体正在潜意识中制造障碍,把自己跟对方隔离开。目的是在紧张焦虑,甚至是警戒或想要拒绝的时候保护自己。

这种姿势被称为"收缩姿势"。也有的人不会将手交叉在胸前,或把脚交叉在一起,而是倾向于弯腰低头,收缩躯体,这些也属于收缩姿势。

相反,将手臂和脚打开的状态,被称为"开放姿势"。一般认为,人在敞开心扉、心平气和的时候,手脚往往会摆出开放的姿态。

我们可以尝试运用这一规律来调整自己的心态。在他人面前感到紧张不安时,打开手臂,深呼吸一下吧。用新鲜的空气填满胸口,紧张的情绪就会得到缓解。这时,你心中的自信将会生根发芽,在公众场合进行的演讲,或在工作中的演说发表也势必会进展顺利。

你轻松自然的表情也会感染到周围的人,舒缓大家的心情。现场的轻松氛围会让你获得一种"即使失败也没关系，只要再试一次就好"的舒缓心态。

眼睛是心灵之窗，传递着一个人的真实情感

眼睛有时候会表现出一个人的情感。

如果你实在是非常在意他人的目光，那就勇敢地从周围人们的眼睛中确认吧。这些目光带有敌意吗？是在嘲笑你吗？恐怕并非如此。

在发表演讲或商务谈判等场合，对方投向你的目光，可能是在告诉你他非常期望听到你的发言。即使是初次见面，与商业伙伴交换名片时，他们的目光也并不会充满敌意，而是平和友善的，除非发生了什么极端的情况。

心理学认为，对视是一种表达"我想向对方传达我的想法"或者"我想知道对方的反应和想法"的信号，目的在于促进双方的沟通与交流。人们在表达好意或爱意时，也会尽量与对方对视。在感到内疚或抱有敌意的时候，人会做出明显不同的表情，这种情况并不多见，再迟钝的人也能察觉到。

那么，当你对自己失去信心时，你会向周围传递怎样的目光呢？如果你不能直视对方的眼睛，而是偏移了视线，那么你传达给对方的可能是缺乏自信、内疚和不安等情绪。将目光低垂，会使你对对方的恐惧昭然若揭。对方可能会对你感到不信任，目光中可能带有疑惑和怀疑。在这样的目光下，人很自然地就会退缩并产生消极情绪。

重要的是，先从自己开始，用友好的态度与对方进行眼神交流。眼神交流可以促进双方对彼此的理解，使双方建立友好的交流，进而避免在他人面前感到紧张。目光的重要性是不容忽视的。

通过目光理解他人的心理活动

在眼神交流的时候……
- 想要增进与对方的相互理解
- 想要向对方传达自己的好意
- 想要确认对方的反应
- 被怒目而视，是吵架的信号

目光躲闪的时候……
- 没有自信
- 感到内疚
- 怀有恐惧
- 漠视对方

通过触摸身体的特定部位来获得安心感

人的情绪和内心的变化不仅会通过眼神表现出来，还会通过各种行为体现。例如，当感到紧张不安时，我们往往会下意识地触摸自己身体的某个部位。这在心理学上被称为"代偿行为"。

在幼年时期，我们通过向周围的成年人撒娇、让对方

第1步 第2步 第3步 第4步

抚摸自己的头部、获得对方的拥抱等方式来缓解不安和寂寞的情绪。然而，我们成年后无法再依靠这些方式来缓解紧张。因此，为了消除不安和孤独的感觉，我们会自己触摸自己的头部、头发，或者触摸自己的手臂和肩膀。

通过触摸身体使情绪平静

触摸头部或头发

幼年时期被抚摸头部时会产生安心感，作为这种习惯的延续，当我们希望减轻紧张不安时，自己会下意识地触摸自己的头部或头发

触摸胳膊或上半身

一般认为，触摸手臂和上半身某些部位，是拥抱的一种代偿行为。对于男生来说，这种行为的效果更好

在发表演讲或商务谈判等公众场合，如果感到极度紧张，可以尝试触碰自己的身体来缓解。不同的人感到平静的部位可能会有所不同，但通常给予我们平静感的，是那些我们平时会无意识触摸的部位。

除了自己的头部和头发，还可以通过摩擦手掌，将温度传递到自己的肌肤上，这可以使紧张的心情恢复平静。请不要忘记，你的手掌具有治愈心灵的力量。除此之外,让别人拍拍你的背或者握握你的手,也能让你获得安心感。

这些举动在商务场合中很难做到,所以建议你在回家后向伴侣或家人寻求抚慰。特别是被触碰上臂时,你的内心会感到放松,可以尝试一下这个做法。

一般来说,男性感到不安或紧张时更倾向于触碰自己。这可能是因为,女性在化妆或整理仪容时有更多机会触碰自身,而男性较少有这样的机会。当你的心里焦躁不安时,尝试进行自我按摩也是一个很好的方法。

要点

关注身体发出的信号!
理解获得疗愈的方法

07 错误认知造成的恐惧

> 领带的颜色不好看?
>
> 发型会不会怪怪的?
>
> 他是在笑我鞋子上面的污渍吗?
>
> 西装的褶皱会不会太显眼了?

每个人都有适度的"自我意识"

每个人都会在意他人对自己的看法和评价。大多数人可能会觉得"太在乎也没用",但社交恐惧症患者会过度地关注这些事情。这种情况通常被称为"自我意识过剩"。

"自我意识"在心理学中指的是将注意力集中在自己身上的行为。自我意识在社会生活中是不可或缺的,因为我们必须在与他人的互动中生活,永远也无法逃避他人对自己的评价。整理仪容,梳妆打扮,努力进入好公司,成为备受瞩目的人,这些行为的动机都源自适度的自我意识。

然而,当这种自我意识过剩时,人们会过度关注自己

第1步 第2步 第3步 第4步

的仪容仪态、言行,甚至是他人对自己的性格和整个人生的看法,从而陷入消极情绪的旋涡之中。有些人会对耳闻目睹的闲言碎语产生"他们说的是我"的错觉。

例如,一个原本约好了一起吃饭的朋友突然爽约,就担心自己是否被他讨厌了;如果遇到的路人稍微笑了一下,就担心自己的服装是否不合适。在自我意识过剩的人身上,经常发生诸如此类令其不安的事情。

这种状态会给个体带来过多的压力,使人变得更加痛苦,因此我们需要多加小心。重要的是,要牢记"别人并没有那么关注我"这个现实。认为自己一直受到他人的注视,不过是一种错觉。

约定被临时取消只是因为对方有事不方便,路过的人笑了一下,可能只是因为遇到了其他有趣的事情,即使衣服和发型不完美也没有任何影响,不会给任何人带来困扰。轻松看待这些事,想着"今天就这样吧,不管了",也有助于保护自己的内心。

一般来说,这种强烈的自我意识在青少年期较为常见,随着年龄的增长,自我意识会逐渐趋于稳定。

过度关注他人的想法会导致自我评价下降

心理学中将对他人想法和言论的关注称为"人际知觉需求"。那些极度关注他人,人际知觉需求旺盛的人,往往会失去自信,降低自我评价。

当自我评价降低时，个体自身为了迎合他人，甚至会不惜放弃自己的想法。这就加剧了人际知觉的需求，导致感到焦虑不安，强烈地担忧被对方讨厌，强烈地渴望自己能一直被喜爱。

这种情况下，人们会不顾自己真实的感受和想法，努力取悦他人，这被称为"权宜从众"。当权宜从众变本加厉时，人们会只考虑如何避免被他人讨厌、如何取悦他人，而变得不擅长表达自己真实的情感和想法。

问题在于，这种行为常常适得其反。如果不断迎合他人，周围的人可能会认为你是一个"没有主见"或"无趣"的人，反而变得不喜欢你。

在商务场合，这种情况会导致团队合作土崩瓦解，彼此之间失去信赖，并进一步引发更严重的问题。为了避免被他人讨厌，有的人无法顺利开展工作，甚至害怕去公司上班，最终辞去工作，造成最坏的结果。

重视自身想法，提高自我评价

为了避免上述情况发生，持续提高自我评价至关重要。如果一直考虑他人而忽视了自我，那么就无法在自己的人生中留下浓墨重彩的一笔。

重新审视自己，明确自己的想法、观点、擅长之处，以及自身能为社会做出什么样的贡献，让自己认可自己，这一点非常重要。从最终的结果上来看，这样的人更能受到周围人的喜爱和认可。

如果你正因此而烦恼,对此无从下手,那就从小事情开始一点一点地努力吧。

例如,每天将自己一天中努力做过的事情记录下来,这样可以给自己带来成就感。同时也可以制订一些易于实现的小目标。

通过坚定地完成这些小目标,可以提高自我评价,培养自信心。

"认知偏差"中蕴藏着让人沉湎于消极思维的危险

如果你与他人交谈或接触时会感到紧张或过度害羞,那么你有必要学着从多种不同的角度看待事物。"原来会有这样的事情啊""原来别人会有这样的想法啊",以宽广的视角来理解人和事,可以让内心变得更加安定。

但是,有时候我们会过度自信地给某件事情下判断。这种偏执的心态在心理学中被称为"认知偏差"。

当我们对事物的看法和认识过度偏向负面时,就会容易陷入消极的思考中。我们会不断往消极的方向思考,丧失积极思考的能力,因此需要特别注意。

例如,由于过度紧张而导致课题发表进展不顺,我们会认定"我无论如何努力就是讲不好";即使收到了上司给予的有益建议,内心也会抱怨"他根本对我没抱任何期

第1步

望",总是从消极的角度来看待事物。

这种心态并不健康。如果时时刻刻都处于消极思维之中,稍有不慎就可能伤害自己或他人。

要摆脱这种状态,可以尝试从不同的角度看待事情,听取父母、朋友等值得信赖的人的意见。不要固执己见,永远记得要保持客观的思考方式。

事物并不是非黑即白的。即使在公众面前没能表现得很好,下一次还可以继续努力,上司的建议也是为了支持你,帮助你成长。

"啊,原来是这样!"当我们变得能够以积极的思维方式看待事物,就会恍然大悟,感到非常爽快。让我们一步步地积累这样的经验,逐渐摆脱消极思维,成为在他人面前不再紧张的理想自己吧。

第1步　第2步　第3步　第4步

摆脱认知偏差的思维方式

- 不要老想着我应该怎么样、必须怎么样。
- 意识到没有人是完美的。
- 保持积极！
- 这样就可以了！
- 不要觉得责任都在我一个人身上。
- 不要一味接收消极的信息。

要点

不要主观臆断，过度思虑，
养成从宽广的视角思考的习惯吧

08 缺乏自尊会导致紧张不安

被父母的爱环绕,孩子才能具有自信与自尊

在他人面前感到紧张不安,原因之一在于对自己没有信心。心理学中将人们对自己的自信和自豪感称为"自尊"。近来,也常常用"自我肯定感"一词来表达相同的意思。

简单来说,就是指"我很喜欢自己""我能做到""我是一个有价值的人"等对自己的积极态度。

一般而言,这种自尊心是儿童在接受父母的爱时逐渐培养起来的。在表扬和责骂声中,人们逐渐培养起自己的自信。它与成年后的幸福感和积极的思考方式紧密相关,并为人们提供前进的动力与能量。

在任何情况下都能做到无条件地自信,那么即使面对失败和外界的压力,也不容易产生动摇,遇到挫折时也能转变心态,告诉自己:"只要下次努力就可以了!"

然而,自尊心较弱的人,往往会消极地认为"我做不到""就算我去做,事情也不会顺利""我比不过那个人"等,思维和行为都异常消极,有些人甚至可能陷入极度的自卑之中。"我在一流的企业工作,这说明我是有价值的",或者"我有钱,所以我比别人更优秀",在这些特定的条件下,他们能勉强维持自信和自尊,但这样的人面对失败和挫折时非常脆弱,稍微出一点差错就可能陷入深深的沮丧之中。此外,他们还倾向于嫉妒他人,试图从不如自己的人身上获得优越感。

心理学研究发现,许多患有抑郁症的人自尊感较低。要想保持身心健康,首先要认可自己的价值。与其一味否定自己,觉得自己"肯定不行",不如去努力尝试,去追求自己真正想要的。通过这样的努力可以积累更多的成功经验,提升自己的价值感。

提高自尊的小窍门

正如上面所说的,自尊是一种自我肯定,能带来自信和自豪感。自尊较低的人可能会出现社交恐惧症的症状。如果你感到缺乏自信,觉得无论做什么都不顺利,或者经

第1步 第2步 第3步 第4步

常因为与他人比较而感到沮丧,那么请尝试以下几个提升自尊感的小窍门。

随着自尊的提高,你将不再在意别人如何看待你,意识到就算经历失败,自己也是独一无二的,因此变得更加自信,能更从容地与他人交流。关键是通过累积会让你充满自信的微小成功经验来提升自尊感。

①发现自己的优点

自尊感低的人往往有一个坏习惯,他们会只看到自己的缺点。擅长做饭、打字快、整理收拾井井有条等,都属于优点。将自己的长处记录下来,每次想到新的,就随时添加到这个列表里,这样就能完成一个属于自己的优点清单。

②尝试做让人感激的事情

"谢谢你"是最强大的词语。人在听到别人说"谢谢你"时,会切实感受到自己的价值。可以从一些举手之劳开始做起,如给同事的工作帮忙、清扫办公室、在公共交通上让座等。参加志愿者活动也是一个不错的办法。通过帮助那些需要帮助的人,也能够提升自信。

③当被赞美时,真诚地开心起来

被别人赞美的时候,你是不是会否定自己,认为那是客套话呢?当受到他人的赞美时,可以真诚地接受并感到高兴。你可能会发现自己之前没有意识到的优点,享受这种愉快的感觉会激励你更加努力,向前迈出下一步。

④回想过去的成就

即使你坚信自己一无是处,但回顾自己的人生,你也会发现自己做过很多了不起的事情。只要把自己做过的事情写出来,你对自己的印象就会有很大的改观。跟值得信任的人分享你的成就,他们也会为你感到自豪。借此,你可以发现值得自己和他人感到骄傲的事。

提升自尊感的4个要点

1 发现自己的优点

2 尝试做让人感激的事情

3 当被赞美时,真诚地开心起来

4 回想过去的成就

自我效能感是正向思维的源泉

在心理学中,与自尊感相似,自我效能感指的是认为自己能够做到的意识,是即使遇到看起来有些困难的事情,也会给自己赋能,让自己坚信"没问题,我能行",最终实现这个目标的能力。消极的信念会对个体产生不良影响,如果无法进行积极的思考,就会感到自己无法做成

任何事情，从而陷入自卑感中无法自拔。

要如何提升自我效能感呢？希望以下例子能给大家一些启发：

①回忆过去的成就

回顾自己曾经取得的成功，让自己相信"那时候我能做到，这次也没问题"以提高自己的动力。

②借鉴他人的成功经验

通过了解他人的成功经历，将其与自己联系起来。不仅可以参考身边人的经验，还可以学习运动员通过努力而成功的故事等。

③得到值得信赖的人的鼓励

当他人直接对你说"你一定会成功""你很了不起"等肯定的话语时，你会确信自己有能力成功，并进一步提高自己的动机水平。

④体验兴奋感

即使找不到特定的理由，也可以通过让情绪高涨，使自己感觉充满了力量。通过创造一些享受兴趣爱好的时间或休闲娱乐时间改变情绪，是一个不错的方法。

以上4个方法可以提升自我效能感，并给自己信心，让自己在公众场合不再紧张。

第1步　第2步　第3步　第4步

如何激发自我效能感

回忆过去的成就

借鉴他人的成功经验

得到可信赖的人的鼓励

能做到！
太棒了！

体验兴奋感

加油！

要点
为了给自己自信，
提高自尊感与自我效能感吧

第1步　认识社交恐惧症 | 45

09 大胆行动起来

为失败制造借口的自我设限

有些人在尚未开始做某事之前就会把消极的话挂在嘴边,比如"无论怎么推销,这个产品都卖不出去"或者"再怎么练习,这个团队也赢不了"。

这种心态其实是降低心理预期,为了在将来面对失败时,使自己不至于遭受太大的打击。只要一开始就说不行,当真正失败的时候,就可以找借口说"我早就知道会这样",从而避免让自己失望。如果成功的话,周围的人可能会给予超出预期的评价,比如:"本来没抱希望的,没想到你居然做到了,真厉害!"不抱希望,反而能让成功的喜悦倍增。

第1步 第2步 第3步 第4步

心理学将这种提前为失败找借口的行为称为"自我设限"。有人在参加招聘时，找借口说"反正也不怎么喜欢这家公司，落榜也无所谓"，还有人可能说"（因为我不善言辞）一个人也不觉得寂寞"，这些情况可能是他们将自我设限当成了习惯。

如果你觉得"我好像也经常这样说"，那就要小心了。心理学认为，习惯自我设限的人，往往"成就需求"较弱。

成就需求指的是努力追求既定目标的意愿。当成就需求低下时，人们往往会认为"凡事不要太用功""随便糊弄一下就行"。得不到成就感，可能导致个人对自身的评价降低，变得不自信。

要想拥有自信，就必须付出相应的努力。设定一个目标并为之努力，当取得成果时，获得的成就感必定会促进自我成长。

与其设定不可能实现的目标，不如设定一个只要努力就能达成的目标。例如，在下班前完成工作，减肥3千克，一年内读完10本书等，在工作和日常生活中通过埋头努力可以完成的目标。

成功后会陷入困境吗？关于"成功恐惧症理论"

有些人在面对成功时，会觉得"成功让人感到害怕""成功之后可能会越活越累"等，这种状态被称为"成功恐惧症"。很多人认为，成功是每个人都渴望的东西，但实际上也有很多人并非如此。

害怕成功的原因有很多，可能是担心在取得成功之前要付出努力或承受巨大的压力，担心成功之后会失去某些东西，或者担心生活会发生变化，等等。这种心态被称为"回避成功的倾向"，在这种心态下，人们会认为与其经历千辛万苦，不如维持现状，在尚未尝试挑战之前就会选择放弃。

成功恐惧症人士眼中"成功的恐怖之处"

如果我出人头地了……

会不会被同事嫉妒？

会不会忙得没时间睡觉？

会不会没时间陪伴家人？

教训下属会不会很累？

克服恐惧情绪，尝试采取行动

社交恐惧症很可能也有成功恐惧症或回避成功的倾

向。他们内心可能会认为,就算这次汇报取得成功,收获了好评,下一次的难度也会变得更高,吃力不讨好。

想改变现状的话,就要克服恐惧感,尝试着采取行动。如果你心目中有一个希望实现的目标、一个理想中的自己,那就朝着那个目标去行动吧!

如果你希望克服社交恐惧症,自信地在众人面前演讲,那就先练习在一名听众面前讲话。逐渐增加听众的人数,你会发现不知不觉间,自己已经可以在很多人面前说话了。

有时候你会觉得自己不够好看,但当你换成流行的发型去公司上班,你会惊讶地发现大家对你有着很好的评价。

只要稍微鼓起勇气去尝试新事物,你就会发现事情将朝着完全不同的方向发展。关键是,不要过分忧虑未发生的事情,相信自己,行动起来,享受当下。

如果最终取得了成功,那就尽情沉浸到那份喜悦中吧。与帮助过你、一起努力过的人分享喜悦,这是多么幸福的事情啊。

激发潜能的自我暗示

如果你觉得"克服对成功的恐惧有点困难",那么可以尝试进行自我暗示。

自我暗示是指将你的目标、梦想,以及理想中的自己等愿望,用语言表达出来。例如,"我会创造出爆款产品!""我会将销售额翻倍!""我会购买一栋全新的别墅!""我会跑完全程马拉松!"等。无论是工作和生活上的期待,还是"我会帮助贫困儿童!""我会战胜疾病!"等伟大的梦想都可以。请将自己强烈渴望的事情用语言表达出来吧!

对于个人的梦想和心愿,你可以向周围的人大声宣布,也可以自言自语地低声说出来,你还可以把它们写在笔记本上。

关键是要保持积极的心态,并坚信你一定能够实现它。同时,不要忘记使用第一人称代词,比如"我要……""我可以……"等。这样可以激发你自身的潜能,让你能够将梦想和理想变成现实。

一般来说,那些并非你真正想要的事物、与你的内心相矛盾的事情,以及被他人的期待所左右的事情,写下来也没有效果。

自我暗示的技巧	
① 使用现在时态	② 使用积极的、肯定的词语
√ 我会…… × 我想……	√ 我会成功减肥 × 我不吃甜食
③ 使用简短的语句	④ 相信可以实现自己真正渴望的事
√ 我要开公司 × 我要在五年之内开一家贸易公司	√ 我要继承家业 × （因为父母的期望所以）我要继承家业

到目前为止，我们介绍了社交恐惧症是什么，以及克服它的一些技巧。我们还认识到，负面的自我认知和低自尊会让我们丧失自信，在公众场合变得紧张。

尽管在多数情况下，社交恐惧症需要使用药物来克服，但仅仅依靠药物治疗，并不能保证完全康复。从第2步开始，我们将运用心理学的概念，向大家介绍一些方法和思维方式，帮助大家克服在公众场合中的紧张感。

要点

通过自我暗示克服恐惧情绪

专栏 1

有社交恐惧症的人是能力出众的人才吗

有社交恐惧症的人常常会自我责备,认为自己缺乏能力并因此感到深深的无助。但是千万不要悲观,实际上,患有社交恐惧症的人具有自己独特的优势。

例如,他们往往拥有较强的感受性。虽然很难主动与他人打成一片,但他们可以从旁观者的角度,在适当的距离观察他人。因此,他们具备敏锐的共情能力,能够体察他人的心情。

此外,他们在履行职责方面的能力也非常强。患有社交恐惧症的人往往能够克服艰难困苦,有能力独立承担工作,贯彻始终。这并不意味着他们不看重工作结果,由于他们责任感强烈,做事也会非常认真细致。尽管他们人际交往能力可能不高,但通过认真细致的工作,他们仍可以获得高评价。

此外,比起在人前抛头露面,他们更倾向于成为幕后英雄,因此他们为某种事业奉献的情感比其他人更加强

烈。团队中的社交恐惧人士可以发挥幕后支持者的作用，而不一定要成为领导者来引领下属。

当然，本书的目的之一，就是帮助人们克服在公众场合的紧张情绪。如果能够做到这一点，未来的生活可能会比现在更加愉快，但首先要认识到，社交恐惧症并非一件坏事。

从第2步开始，在学习如何克服社交恐惧症之前，我们将介绍一些灵活应对社交恐惧症，与其和谐相处的方法。

理解度测试

☐ 社交恐惧症的症状是当出现在人前时,个体会感到过度不安和恐惧。

☐ 表现为"演讲恐惧"或"书写恐惧"等不同症状。

☐ 社交恐惧症常出现在责任感强的人或一丝不苟的人身上。

☐ 关键在于逐渐适应与他人相处。

☐ 传统治疗方法包括"药物疗法""认知疗法"和"理性情绪行为疗法"。

☐ 怀抱消极的信念会使个体在公众场合紧张不安。

☐ 培养自我效能感,建立在人前说话的自信。

第 2 步
灵活应对社交恐惧症

社交恐惧症并不是不可治愈的。在第 2 步中，我们将介绍各种方法，帮助大家进一步认识自己，创造出良好的环境氛围，让自己变得更自信。

01 改善心情,克服紧张

人的心情与思考方式有密切的联系,这就是"情绪一致性效应"

在第1步中也提到过,社交恐惧症患者往往是因为对他人的存在不适应,所以感到紧张不安。那么,要如何适应他人的存在呢?我们可以利用"情绪一致性效应",改变自己与人接触时的情绪。下面将具体介绍这一效应。

当一个人在取得成功、得到表扬时,情绪会变得更加积极,容易对此时见到的人产生好的印象。与之相反,在工作不顺或怀有什么心事的时候,情绪就会偏向消极的一面,对接触的人也会产生负面的看法。也就是说,人们对接触的人会产生何种印象,其实与本人当时的心境有着密不可分的联系。这种效应在心理学中被称为"情绪一致性效应"。

这种"情绪一致性效应",使得人们在有着正面情绪的时候,容易对事物做出乐观积极的判断,在情绪不好的时候,倾向于对事物产生悲观的看法。平时不会放在心上的事情,在焦躁不安的时候却会变得无法忍受,这也是"情绪一致性效应"的表现。

在与他人接触前,先改善自己的情绪

为了让自己在他人面前不感到紧张,可以利用情绪一致效应来适应他人的存在。具体来说,我们可以在见某人之前让自己先有一个良好的情绪。

比如,有事要拜托上司或同事之前,在午餐时吃一口自己最喜欢的甜点,或者回想旅行和参加大型活动时的美好回忆,听一首喜欢的歌,等等。

如果能够在与他人接触之前,让自己有一个好心情,那么积极的情绪就会发挥情绪一致效应,使我们能以更友善的态度对待他人,同时反过来也能给对方留下一个很好的印象。

相应的,一定要注意不能被消极情绪拖着走。被上司狠狠地训斥了一顿之后,或者工作进展不顺、闷闷不乐的时候,如果与他人接触的话,双方都会被这种情绪氛围影响,对彼此留下很不好的印象。遇到这种情况,最好是深呼吸，或者去一趟厕所，冷静一下。

如果被自己的上司责骂，有了产生消极情绪的苗头，就在事后听一听喜欢的音乐或者在结束工作后去吃一顿好的，改善一下自己的心情。一定不要忘记好好照顾自己的情绪。

在会议前通过"情绪一致效应"缓解紧张情绪

会议前

在会议开始前改善心情。

每个人都会在会议等重要场合感到紧张不安，可以在开始前听听音乐，预先提高自己的自信心

会议中

情绪一致效应开始发挥作用，平时有些害怕的上司，现在也影响不到自己了，我们变得可以泰然自若地进行汇报

人的情绪也会受到天气影响

美国心理学家诺伯特·施瓦茨带领密歇根大学的研究团队，对生活满意度进行过一项电话调查。结果发现，与天气不好的日子相比，天气好的时候被调查者的生活满意度更高。也就是说，人的想法会受到天气的影响。

这与人在沐浴太阳光的时候分泌的5-羟色胺有关,这一点在之后会详细介绍。或许会有人认为,做事时把天气考虑进来有些牵强,改变已有的计划也是件麻烦事,但是我们可以反过来利用这一点。

比如,在工作或业余生活中,当需要出现在公众场合时,尽量避免下雨天或阴天,把行程安排到令人心情愉悦的晴天。

但是,刚才所说的这一次实验还留下了一处伏笔。如果实验者在正式提问之前,跟被调查者聊到了天气的话题,那么被调查者就会突然回过神来,对自己的答案深思熟虑一番,而他们最终给出的结果也变得不再受天气影响。

像这样的潜意识判断,容易在不知不觉间受到周围人状态的影响,甚至导致我们在最后违背自己的真实想法。不过,就算你的心情再好,你平时杀气腾腾不好说话的上司也不会突然对你温柔起来。关键是,在天气不好的时候,要能够冷静地察觉到人们受到的影响。

要点

改善情绪,
给自己消除紧张的动力

02　试着培养良好习惯

通过习惯性的行为和语言，获得安心感

你是否听过"习惯性动作"这个词呢。前日本橄榄球国家队选手五郎丸步，在达阵❶后追加射门之前，会给大家展示"五郎丸POSE❷"。还有前棒球运动员铃木一郎，他在进入击球员位置之前，摆出的击球姿势也很有代表性，

---

❶ 达阵是英式橄榄球中得分最高的得分方式，进攻队员攻入防守方的得分区内持球触地，即为"达阵"，得5分，达阵后还有一次顶点追加射门再得2分的机会。——译者注

❷ 身体略微前倾，竖起食指后，双手合在一起。这是五郎丸步在开球前的标志性动作，和"习惯性动作（Routine）"一词一起成为了2015年的日本流行语。——译者注

这些即所谓的模式化的行为。

那么，他们为什么要做出这些习惯性动作呢？这是因为，无论是练习还是正赛，无论身处何地，都重复相同的动作，可以起到放松的效果。这些动作可以防止那些阻碍自己成功的消极想法产生，减轻紧张不安的情绪，让人变得更专注。

不仅是体育运动中，在会议和演讲等场合，面对为数众多的听众，人也会很容易感到无所适从，变得极度紧张。如果在这时有自己的习惯性动作，就能保持放松的状态去迎接挑战。

为了有效地培养习惯性动作，需要做到以下三点：

- **确定使用的时机和动作的类型**
- **让它内化成自己的一部分，反复运用**
- **让其习惯化、自动化**

关键在于把这个动作培养成一种习惯。突然做出不同以往的举动，刚开始可能会有一些不适应，只要不忘记原本的目的坚持下去，就能够缓解紧张不安的情绪，使自己发挥出正常的水平。

下面是一些平时可以采用的习惯性动作。

①早起散步

促进血液和血氧的循环，让自己能提高注意力并保持专注，更富有创造性。

②在通勤途中听舒缓心情的音乐

契合自己的心理状态,听一些舒缓心情的音乐,可以保持心态的平和。

③整理桌面周边环境

通过保持周围环境的整洁,获得内心的平静。

④在开会之前进行腹式呼吸

使全身得到充足的氧气,让自己放松下来。

⑤睡前写日记

全方位地回顾这一天,找到改善自身不足的方法。

上述的这些习惯行为,切不可生搬硬套到自己身上,否则很可能会给自己造成不必要的压力。用轻松的心情,找到能让自己乐在其中的习惯动作吧。

专注眼前的过程,不拘泥于最后结果

试着做完习惯性动作之后,如果仍然感觉紧张不安,可以尝试着调整一下自己的心态。

首先,不要过度在意最后的结果。有很多时候,越是想要把事情做到尽善尽美,就越容易用力过猛,反而功亏一篑。因此,不要太在乎结果,专注于眼前的过程,尽自己的最大努力就可以了。

其次,跟自己对话的时候,不要把消极词语挂在嘴边。比如,"不要说这么快"可以换成"说慢一点吧";想说"不要紧张"的时候,可以换成"冷静一下吧"。像这样,把"不要、不许"这些消极的词换成正向积极的词语。

这些细节上的努力，能帮助你取得成功。逐步积累这样的经验之后，你会慢慢变得自信起来，原本强烈的紧张情绪也会逐步缓解，使你可以轻松应对，最终不再抗拒在公众场合说话。

可以运用到生活中的习惯性动作

| 调整领带 | 喝冰水 |
| 听音乐 | 伸展 |

要点

通过习惯性动作让自己不再紧张

第 2 步　灵活应对社交恐惧症

03 尝试改变睡眠习惯

保证充足睡眠，改善情绪让5-羟色胺发挥作用

与第2节中提到的习惯性动作相近，改变每天的生活习惯，也能让自己在人前保持放松。

在这里起到作用的是体内的5-羟色胺，这一点在第1节中简单介绍过。5-羟色胺可以让人的情绪变得更积极，如果体内缺乏这种物质，心情就会变得低落，需要较长时间才可以重新振作起来。

5-羟色胺基本上都是在大脑中得到再利用的，我们需要做的是，接受充足的光照，保持规律的作息。也就是说，为了保持精神状态的稳定，白天要积极活动，晚上要充分休息。

社交恐惧症患者和抑郁症患者,很可能5-羟色胺的水平较低。如果你容易在人前感到紧张,请确认一下自己的生活作息是不是很不规律。

如何获得良好的睡眠

社交恐惧症患者中尤其害怕在人前抛头露面的那一部分人,一般来说5-羟色胺的水平较为低下,常常伴随有睡眠觉醒障碍,白天无法完全清醒,晚上也很难入睡。

长期得不到充足的睡眠,肾上腺素和去甲肾上腺素等让身体处于兴奋状态的物质也会过度分泌,使人在白天一直处于一种紧张不安的痛苦状态。为了打破这样的恶性循环,社交恐惧症患者有必要保证充足的睡眠。

但是,有社交恐惧症的人,很可能一想到第二天要发表演讲,或者去别的公司做营销,就感到极其紧张不安,以至于难以入睡。

在觉察到自己有睡眠障碍时,采取以下的措施,也许可以帮助你取得良好的睡眠。

①保持规律的生活作息

最关键的当然是保持作息规律。按时起床、按时吃饭、按时睡觉。通过保持有规律的生活作息,我们可以获得高质量的睡眠。"吃一顿营养丰富的早餐"也是调整生活节奏的必要一步。

②避免在睡前饮食

接下来是避免在睡前饮食。例如，有些人会在睡前喝酒，但是在入睡3小时后，酒精会产生觉醒效果，使人从睡梦中清醒。此外，睡前进食会给胃造成较大负担，阻碍我们获得高质量的睡眠。

③适度午睡

适度午睡对于提高白天工作表现是非常有效的。建议午睡时间控制在15~30分钟，过度午睡会导致晚上难以入睡，所以要多加留意。

④用温水泡澡放松心情

最后一个措施是用温水慢慢泡澡放松心情。温度较高的热水会刺激交感神经，导致入睡困难。因此，我们可以选择温水泡澡来放松身心。

以上介绍的方法仅是举例，每个人进入深度睡眠的方法各不相同。请寻找适合自己的入睡方法。

注意保持有规律的生活作息

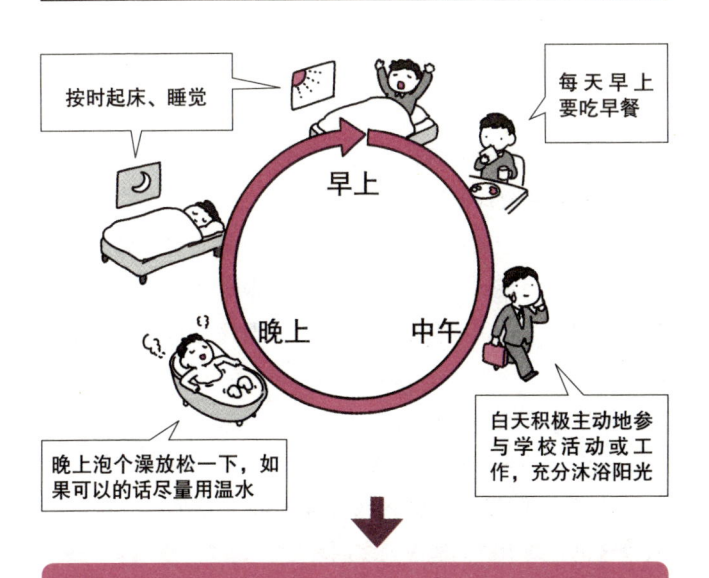

- 按时起床、睡觉
- 每天早上要吃早餐
- 早上 / 中午 / 晚上
- 晚上泡个澡放松一下，如果可以的话尽量用温水
- 白天积极主动地参与学校活动或工作，充分沐浴阳光

调整生活节奏，获得高质量的睡眠

如何在白天保持活跃

除了保持规律作息以保证高质量的睡眠，还应该注意在白天充分活动，使大脑保持活跃。

例如，可以做到以下几点：

①整理桌面等周边环境

可能有些人不擅长做整理和打扫的工作，但如果我们一味地拖延不愿处理，会导致大脑的前额叶，即负责思考能力的区域变得迟钝，从而阻碍大脑活性化。

②尝试自己做饭

对于平时不做饭的人，尝试自己做饭也是一个好办法。只需考虑菜单、烹饪方法和步骤等，就可以使大脑活性化。据说，厨师的前额叶就非常发达。

③不要回避认识新的人

此外，不应该回避结识他人。与陌生人初次见面会使我们产生刺激感，并使我们的大脑变得更加活跃。尽管患有社交恐惧症的人可能会感到紧张，但这会对大脑产生积极影响。

④培养多样的兴趣爱好

培养新的兴趣爱好与认识新的人一样，是充满新鲜刺激的体验。通过培养兴趣爱好，我们的社交圈也会随之扩大，这也有助于我们适应人多的环境。

大家工作繁忙的时候，是否会缩短睡眠时间、不吃早餐，打破作息习惯呢？有时候确实需要拼命努力，但是也要注意适度休息，这样才能保持活动的效率。

第1步 **第2步** 第3步 第4步

让大脑活性化的方法

- 整理收纳 
- 挑战做饭 
- 结识新的人 
- 培养新的兴趣爱好

↓

刺激大脑,保持促进大脑活化

要点
调整生活作息,保持完美的精神状态

04 消除焦虑和恐惧的方法

舒缓放松,解放身心

正如在第2节中所提到的,习惯性的动作和举止可以帮助我们放松心态并增强专注力。

此外,通过放松精神也可以缓解身体的紧张感,这在心理学中被称为"交互抑制"。

"交互抑制"这个概念由南非精神科医生约瑟夫·沃尔普提出。在第二次世界大战期间,他作为军医从南非到英国服役,治疗了许多饱受战争创伤,罹患心理疾病的士兵。在处理神经症和恐惧症时,他得出的结论是"紧张和放松的状态不会同时出现"。

具体来说,如果能养成习惯,在焦虑或恐惧时利用交互抑制使自己松弛下来,获得安心感,那么不仅可以借此缓解焦虑和恐惧,还可以让自己从恐惧的事物中解放出来。以下是实际运用时的三种典型方法。

①自我肯定式回应

自我肯定式回应,指的是通过冷静地承认自己感受到的恐惧和不安,使恐惧和不安感得到缓解。在这么做的时候,对倾诉的对象要持诚实、平等、直率的态度,并对自己说过的话负责。这样才可以消除紧张不安的情绪。

②自生训练法

在自生训练法中,我们可以对自己的身体进行暗示,并保持交感神经和副交感神经的平衡。建议在专业医生指导下进行训练。

③渐进式肌肉放松

渐进式肌肉放松法是指将意识集中在身体的特定肌肉上,有意识地让其强烈紧张,然后迅速松弛。通过反复紧张和松弛,我们可以充分掌握肌肉放松的感觉。

无论使用哪种方法,首先都要准确判断自己的情况。例如,如果在面对人群时感觉肩膀、颈部、手臂等肌肉紧绷,那么你可能正处于紧张或不安的状态。此时渐进式肌肉放松练习会很有效。

第1步 **第2步** **第3步** **第4步**

渐进式肌肉放松法示例

① 双手

方法

手掌朝上,向前伸展双臂,将大拇指蜷至手心握紧拳头

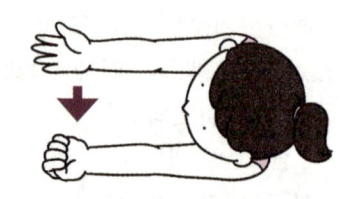

② 上臂

方法

双手握拳举起,靠近肩部,用力使上臂肌肉鼓起

③ 背后

方法

与训练上臂时摆出相同姿势,将双臂向外展开,肩胛骨向内挤压

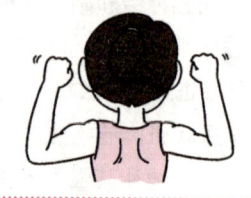

④ 双腿

方法

坐在椅子上,双脚向前伸出,伸展脚趾,收缩双腿内侧肌肉

请试着将以上的渐进式肌肉放松法,按照"紧绷肌肉10秒左右→放松15~20秒"的节奏,每组重复2次以上,每天练习至少2组。

但是，也不要过度练习。特别是在绷紧肌肉时，不要让自己感到疼痛。分清"紧张"和"放松"两种状态的区别，会使效果更好，使自己能够主动舒缓紧张的状态。

抑制焦虑和恐惧的各种方法

除了渐进式肌肉放松法，还有许多方法可以用于缓解焦虑和紧张情绪。

例如，不受地点和工具限制的"呼吸法"，通过将注意力集中在自己的呼吸上，可以自然地进入放松状态。呼吸法有两种，一种是反复进行自然的呼吸，另一种是控制吸气和呼气的节奏。

此外，当承受巨大压力，感到焦虑不安时，安全感会被完全压抑下来。尤其是在马上就要参加会议或演讲等情境中，很难进行伸展活动。这时可以通过回忆愉快的经历或成功经验来缓解焦虑。

例如，"与心爱的宠物外出散步""与朋友们的午餐会""小时候的家庭旅行"等，回想起这些令人感到宽慰的场景，会产生温暖和幸福感，增加安心感，减轻焦虑情绪。因为只需要进行回忆，所以这种方法也不受时间和地点条件限制。在心理治疗中，通常会结合交互抑制法、暴露疗法[1]和放松法来进行治疗。

---

[1] 暴露疗法是一种行为疗法。基本原则是鼓励患者直接接触使其恐惧的事物或情境，坚持到紧张感消失。——译者注

| 第1步 | **第2步** | 第3步 | 第4步 |

让我们先尝试一下,培养在感觉焦虑时回忆最能使你放松的经历的习惯。如果你能够按照"焦虑→愉快的回忆→安心"的模式进行转换,就代表你取得了成功。

恐高症患者如何使用交互抑制法克服恐高

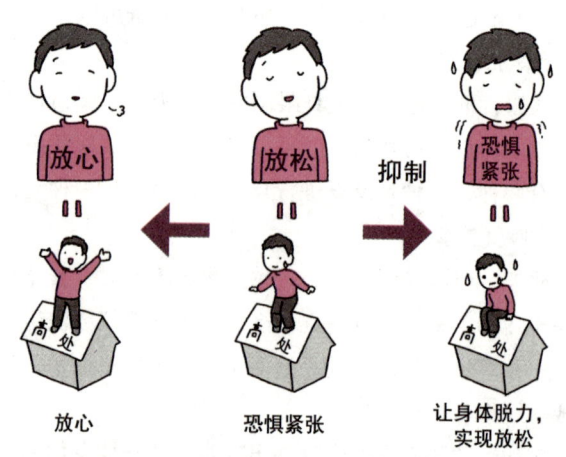

放心

要使自己在高处能够放心,可以利用交互抑制法进行训练,结合放松和暴露疗法(逐步分阶段地让身体习惯恐惧),这也被称为系统脱敏疗法

恐惧紧张

恐高症患者,只要想象自己站在高处就会因为紧张而使得身体紧绷

让身体脱力,实现放松

感到恐惧时,马上舒缓紧绷的身体,通过放松身体来缓解恐惧情绪(交互抑制法)

首先要切断与消极情绪的关联

沃尔普列举了一些可以帮我们摆脱焦虑和恐惧的反向情绪，如放松、自我肯定、性欢愉、享受美食、幽默等。

如果你希望在演讲或其他场合取得好的结果，可以将其与午餐会结合起来，或者安排一段喝茶的时间来放松心情，这也许是一种有效的方法。像这样改善自己的心情，可以为解除紧张焦虑提供很大的帮助。你的安心感会感染周围的人，紧张的气氛也会缓和下来。

像之前介绍的方法一样，实际上恐惧和焦虑的情绪可以通过简单的方式缓解。不要纠结失败时的消极情绪，关键在于让自己的心情平静下来，放松紧绷的身心。就算失败了，我们也可以从中吸取教训，在下次尝试时加以应用。最好不要因为不想给别人带来麻烦而独自一人承受压力，把什么都憋在心里。偶尔向上司或前辈吐露自己的心情，会让你没那么孤单，从而感到安心，恐惧也会减半。

要点

愉快的回忆可以即刻改善心情

05　正面情绪和负面情绪都很重要

不要抱着痛苦的情绪不放

第4节中，我们已经介绍了处理焦虑和恐惧的方法。现在我们将介绍一些应对痛苦情绪的有效心理技巧。

那些患有社交恐惧症的人可能会因为事情不如意而感到绝望，失去克服困难的动力。如果你也会因此感到痛苦，那么希望下面介绍的方法能够稍微舒缓你的情绪。

你不必强迫自己坚持使用以下方法。不过，如果你尝试后发现其中有适合自己的方法，可以试着坚持下去。

引发积极情绪的"意象引导法"

有一个克服痛苦情绪的方法叫作"意象引导"。

那些容易在他人面前感到紧张的人,在会议或演讲前可能会一直处于紧张的状态。他们可能会担心"如果我失败了怎么办""大家对我的评价会不会变差"等,内心焦虑难安,无法集中精力进行演讲。

在这种情况下,可以尝试使用"意象引导"。这种方法可以将我们引导到积极的想象中,从而减轻消极的恐惧和不安情绪。

如以下的做法:

- 回想过去在类似场合中成功发表演讲的经历
- 想象自己从容不迫地进行演讲
- 试着笑一笑
- 想象自己经历过的令人愉快的事情

除此之外还有很多。

在演讲之前,我们往往会思考如何组织演讲内容,或者回顾自己的准备工作,把思考集中在如何取得更好的演讲效果上。然而,当我们紧张时,头脑会变得一片空白,无法梳理好精心筹备的演讲。因此,尝试上述方法,在尽可能放松的状态下进行演讲,有助于提高演讲的成功率。

不要过度沉浸于积极情绪中

意象引导是一种非常有效的方法,可以让自己保持积极的心态,经常进行积极的想象训练很有必要。

然而,虽然进行积极正面的想象可以有效改善心情,但并不能确保提高行动的动力和发挥的水准。

在某些情况下,我们反而会因执着于对成功的想象,而不再为实现目标做出必要的努力。

这种现象被称为"积极错觉",由专注研究积极心理学和社会心理学的谢利·泰勒提出。

她认为,这种"积极错觉"涵盖以下三个方面:

· 过度肯定自我
· 过度乐观地展望自己的未来
· 过度高估自我对外界的控制能力

换言之,这三个方面是指将对自己不利的事物解释为对自己有利的事物。

例如,当我们想象自己在会议上能够自信地发言时,积极错觉会使我们认为自己不仅能够顺利发言,还能成功推动计划和使提案顺利施行。

想法消极的人也具备优点

有很多社交恐惧症患者,会由于日常生活中受到压力而抱有消极的想法。然而,正如前面所提到的,过于积极的思考也有其危险之处。我们可能会因此而不知所措,但是，不必对此感到悲观。

尽管有很多人认为想法消极会被他人反感嫌恶，但拥有这种思维方式并不是一件坏事。在专栏1中也提到过，社交恐惧症患者拥有独特的优点，与此相同，持有消极思维的人也有自己的长处。

例如，美国克拉克森大学的研究显示，相较于其他人，持有消极思维的人在决策时更能做出最佳选择。这是因为，正如前面提到的，持有积极思维的人往往对事物看得过于乐观，缺乏深思熟虑。

相反，持有消极思维的人因为害怕失败，会耐心地反复进行研究。虽然失败本身并不是坏事，但就思考问题的谨慎程度而言，持有消极思维的人表现更佳。

需要注意的是，持有消极思维的人并非处处都更加优秀。消极情绪对健康也有不好的影响，这种情绪还可能会传染给周围的人。

希望大家不要迷失在这些词的字面意思中，画地为牢。关键是活出真实的自己，不要陷入悲观情绪中不能自拔。

将痛苦的烦恼转化为优势

每个人都有自卑感，无论其表现形式如何，这种复杂情感往往伴随着模糊的焦虑不安情绪，通常还会造成巨大的压力。这种压力将成为诱因，使消极情绪积聚。

许多人在压力下工作时，往往感受不到价值，也无法

| 第1步 | **第2步** | 第3步 | 第4步 |

提振工作动力。这些人有一个共同点,那就是没有充分利用自己的优势。即使承受着巨大的压力,如果善于利用自己的优势来处理工作,也能充满活力地展现出自己的价值。

实际上,正是在面对压力和困难时,才亟须发挥这些自身优势。然而,许多人并不了解自己的优势。他们可能知道自己的缺点和弱点在哪,但对于长处和优势缺乏清晰的认识。

我们要重新审视自己的优势。为此,请尝试回答以下问题:

- 最喜欢自己的哪个方面?
- 做什么事情时最开心?
- 什么时候感觉最接近真实的自己?
- 什么时候最有成就感?

如果找不到这些问题的答案,可以向了解你的家人或朋友寻求帮助。在你发挥出自己的实力、顺利取得工作进展或者感受到工作的乐趣时,旁观者可能会发现你自己没有注意过的优势。

确认自己的优势并灵活运用,是一种明智之举。这在心理学中被称为"优势利用",运用得当的话,可以有效培养自我肯定感。

在成长过程中很少受到称赞的人,会过分关注他人对自己的评价。结果导致他们的自我肯定感降低,变得消极。

那么,如何提高自我肯定感呢?关键在于接受他人的赞扬。但是，如果过于关注他人的赞美，就会导致不惜伪装自己也要求得周围人认可，最终使自己无法发挥出真正的能力。因此，首先要尝试在能够发挥优势的领域开展工作，养成良好的工作习惯。

通常情况下，人们会克服自己的弱点并转化为优势，将成就感作为迈向下一个阶段的原动力。大家是否经常因为痛苦的情绪而否定自己，并放弃努力呢？这可能只是因为你没有发挥出自己的长处。不必悲观，自卑的情结有时也可以转化为优势。

> **要点**
> 消极情绪并非坏事，善于利用至关重要

06 扮演其他角色避开焦虑情绪影响

扮演其他角色,克服恐惧情绪

我们在社会生活中会扮演不同的角色,如公司经理的角色、亲子关系中父亲的角色,等等。在很多情况下,就像变化面部表情一样,我们会根据情境调整行为方式和态度。

这个观点由瑞士心理学家卡尔·古斯塔夫·荣格提出。荣格把人们扮演角色的状态称为"人格面具",他认为每个人都有很多不同的面具。

例如,与上司打交道时和与恋人交往时,每个人都会采取不同的态度。此外,当父母责备你,要你好好学习的时候,你可能会气血上涌,但是当你扮演"与朋友交往时"的角色再去听这番话，就会老老实实地接受提议。

"人格面具"理论认为，我们展现给他人的只是外在的表象，真实的自我则隐藏在内心中。

荣格认为，我们通常在潜意识里运用人格面具，但如果能够有意识地替换使用，那么任何人都可以扮演不同的人格角色。

在不同场景中做出专业表现

下面将介绍在日常生活中使用人格面具的实际方法。关键在于"成为一个与自己不一样的其他人"。

例如，当面对不合理的投诉，或接待态度傲慢的难缠客户时，你可以戴上"投诉处理专家"的面具来灵活应对。面对喜欢事事吹毛求疵的上司时，你可以戴上"善于总结的主管"的面具，迅速接受并执行他的意见。在公司内部会议中担任主持人时，你可以戴上"专业主持人"的面具，轻松自如地引导会议，而不感到紧张。

使用人格面具来应对困境的方法，就是所谓的"人格面具绘画"。由于面对他人的是不是真正的自己，而是其他的人格面具，因此我们不会直接承受压力，这有助于我们保持冷静。

在他人面前容易感到紧张的人，可以把自己想象成一个无论操作多么困难的手术都能游刃有余的医生，或者类似的角色。想象出一个在自己看来可以每时每刻都保持冷静的形象，会带来较好的效果。

通过人格面具缓解在公众场合的紧张感

| 在演讲前处于紧张状态 | 描画人格面具，进入时刻都能保持冷静的医生角色 |

此外，人格面具绘画还可以应用于日常生活的各种场景中。例如，对于那些患有社交恐惧症的人，每天的通勤也可能会给他们带来压力，这时可以尝试扮演电车拥挤度调查员的角色。"今天的拥挤程度是中上水平，压力水平为3"，像这样以例行公事的态度对待压力情境，可以更容易地转变心态。

另外，在医院或热门餐厅等需要长时间排队等候的情境中，可以扮演"像树懒一样我行我素"的角色，"我排第十个，后面还有三十多个人呢""今天等待时间不算长啊""可以趁现在把小说读完"。这么一想，就可以保持轻松的心情度过这段时间。

根据场景的不同，分别选择适当的人格面具，可以使我们当场消除烦躁和焦虑不安的情绪。

积累成功经验，变成理想中的自己

正如前文所述，人格面具是一种能立即产生功效的实用方法，但是，我们进行人格面具绘画，是为了在希望周围的人认可自己的努力，或者产生了自我怀疑，并因此陷入不满和焦虑的时候，可以利用人格面具摆脱这种情绪状态。好不容易借由人格面具扮演了他人的角色，可如果我们的思维方式仍然停留在原来的自我上，转换人格面具将失去它的意义。

若想有效地运用人格面具，就需要停止以自我为中心的思考方式，转变为从"我们""大家"的更广阔视角来思考问题。如果只是为了逃避现实而使用人格面具，那么它就不能成为一个切实有效的解决方案。

不过，一旦理解了人格面具的正确用法，并加以灵活运用，我们会自然而然地掌握应对问题的方法，变得更加抗压。同时，能让你感受到心安的那个人格面具，也就是你理想中的自己。有意识地朝着这个目标努力，也会激发我们积极主动地与他人进行沟通、学习新技能的动力。

如果我们能够熟练地运用人格面具，就可以消除眼前的不安，并使自己蜕变成一个坚强的人。

能说会道的人格面具最有效

总的来说，擅长在人前演讲的人只占少数。在众人的瞩目和期待下发表言论，需要相当的勇气和心理准备。根据一项调查显示，最令美国人感到恐惧的事情当中，排名第一的是"公开演讲"。这个结果出乎很多人的意料，人们往往认为美国人自我肯定感很高，但即使对他们来说，在公众场合演讲也是一件令人生畏的事情。

在这种情况下，唯有人格面具可以发挥很好的作用。如果戴上"能在人前毫不畏惧地演讲""擅长用语言吸引他人注意"的人格面具，那么即使面对众多观众，也能够克服困难。

提前设定好角色

人格面具可以在任何场景中发挥作用，但角色的设置会影响最终效果，是至关重要的一环。如果角色设定模糊不清，效果也可能会变差。我们可以事先写下在社交生活中会令自己感到恐惧或不安的情境，并想象出一个能够克服这种情境的角色。

事先把符合每个情境的人格面具都设计好，并牢记在脑海中，就可以在需要时立即选定合适的人格面具。遇事时，只要打开头脑中的开关，随机应变，让值得信赖的人格面具登场就行了。在渡过难关之后，关闭开关，变回真实的自己即可。累积这样成功化解困难的经验，你就能逐渐减少对人格面具的运用，变得可以独自战胜恐惧不安的情绪。

脑海中最强的人格面具阵容

选哪一个呢？

提前准备好能够在各种情境下使用的人格面具，就可以应对困难和逆境

要点

运用人格面具来应对令自己紧张的情境

专栏 2

你是否把周围的人当成了敌人

当你在会议上进行演讲或在商务谈判中进行交涉时，如果对方咄咄逼人地对你提出批评或质疑，这时你会作何感想呢？

遇到这种情况，你可能会认为对方不喜欢你，因此故意找茬。但是，将对方做的所有不利于你的事都归因于对方对你有恶意，这也可能是因为你产生了"敌意归因偏差"。

一旦你相信对方表现出了敌意，那么后续就很难再高效地展开工作，也无法跟对方构筑良好的关系。

为了避免这种偏见，对于那些批评你的人，要做到与其共情，理解他的情绪。正如第2步第5节提到的"积极错觉"那样，扩大解释、过度解读是不可取的。我们可以尝试从这样的角度去理解，"对方批评我是为了最终能取得更好的成果"或"对方想帮助我成长"，以此来改变自己的观念。

这样一来，你就可以感受到"这个人也是为了我好"，从而不会对他产生消极的情绪。

　　然而，我们也不能否认，有时候确实会有人不顾他人的感受，对他人展现出敌意。即使我们友善耐心地对待这种人，也只会让自己精神疲惫，甚至导致意想不到的麻烦。

　　有时候逃避也是有必要的，要注意根据情况灵活地采取行动保护自己。

理解度测试

☐ 失误或麻烦造成的不愉快经历会让人选择逃避。

☐ 进入公众场合前,改善情绪状态可以缓解面对他人时的不安和恐惧。

☐ 培养行为模式,养成不再紧张的习惯。

☐ 调整生活节奏,过规律的生活很重要。

☐ 通过获得高质量的睡眠,提高自己的工作表现。

☐ 在感到紧张不安时,尝试使用"交互抑制法"或"渐进式肌肉放松法"。

☐ 将自己的弱点转化为优势。

☐ 在面对他人时,利用人格面具来克服不适感。

第3步
提高沟通能力

社交恐惧症患者当中,也许有很多人正为处理不好与上司和同事之间的人际关系而感到烦恼。首先努力做到习惯与他人相处,顺畅地与他人进行沟通吧。

01 什么是良好的沟通

良好的沟通是相互理解的过程

我们在日常生活中,每天都会与许多人打交道。只要生活在这个社会当中,就无法避免与他人进行沟通。职场也是如此。工作无法由一个人独立完成,总会需要与上司、同事、商业合作伙伴等许多人协作。如果无法与周围人建立相互信任的关系,工作就无法顺利进行。那么,到底什么是良好的沟通呢?

沟通意味着"人与人相互之间传递信息、情感和想法"。将自己的想法和感受传达给对方,对方在接收后进行回应……这种像是传接球一样的互动就是沟通。

然而，如果不抱任何目的地进行"传接球"的话，就变成了无效的传球。在沟通中有一点非常重要，那就是以"让对方理解自己想要传达的内容"和"主动理解对方想表达的内容"为目标进行互动。如果双方达成相互理解，那就可以说实现了良好的沟通。相反，如果只是单方面互动而没有达成共识，那么沟通就失败了。

我们要追求的是自主型沟通

与他人沟通时，应在相互尊重的基础上，传达自己的想法和感受。我们要追求的是"自主型沟通"。人们的沟通主要可以分为以下3种类型。

①被动型沟通——"我不行，你可以"

被动型沟通是指不表达自己的观点，而是被动接受对方观点。个体出于"不想让对方感到不愉快"或"不想被讨厌"等心理，选择将自己放在次要位置，将主导权让给对方。表面上看，双方的人际关系可能会变得融洽，但个体内心常常积蓄着"其实我本来想拒绝的"之类的不满。如果这种情况持续下去，会造成个体心理上的压力。

②攻击型沟通——"我可以，你不行"

这种类型的沟通是通过攻击性的态度，来迫使对方接受自己的观点。虽然明确传达了自己的意见和想法，但否定了对方的所有意见。若个体总以"你应该迁就我"的态度对待他人，就会导致自己被周围的人孤立。如果沟通中的另一方也是带有攻击性的类型,意见的冲突可能会引发争吵。

③自主型沟通——"我可以,你也可以"

最后是"自主型沟通"。这种类型的沟通是个体在尊重对方的同时,也坚定地表达了自己的主张。由于尊重了双方的意见,这种沟通方式可以建立双赢关系。即使意见不一致,双方也可以通过互相让步,找到平衡点。

沟通的3种类型

①被动型沟通	②攻击型沟通	③自主型沟通
不表达自己的观点,被动地接受对方的主张。不优先考虑自己,会导致自己容易累积精神压力	通过有攻击性的态度,迫使对方接受自己的观点。过于直接地否定对方的观点,会导致自己被周围的人孤立	尊重对方的同时,表达自己的主张。由于尊重了双方的意见,这种沟通方式可以建立双赢的关系

自主型沟通的四个支柱

自主型沟通有四大支柱,分别是"诚实""直率""平等"和"对自己负责"。为了实现更好的沟通效果,我们要对这四个支柱有一个清晰的理解。

首先,"诚实"意味着对自己和他人都要保持诚实。要建立起与对方的信任关系,不仅要对对方保持诚实,也不能对自己撒谎。重要的是坦诚地面对自己的感受,并以诚实的态度与对方交流。

其次,需要"直率"地表达自己的想法和感受。用拐弯抹角的方式表达可能导致对方无法理解你的主张。不过,如果只优先考虑自己的情绪,直截了当地对对方的意见表示拒绝,会令对方感受到攻击性。我们要把握好这个度,在尊重对方感受的同时,直率地表达自己的想法和感受。

此外,与对方"平等"地交往也至关重要。不要过分卑躬屈膝,即使在立场或角色地位上存在差异,大家也都是有血有肉的人。以平常心不卑不亢地对待每个人,这是对自己和他人的尊重。

最后,"对自己负责"这一点也很重要。我们决定使用什么样的言辞和态度对待他人,由我们自己的意志决定,没有人可以强迫你。如果你对某些事感到不舒服,就用适当的方式表达出来吧!即使不能得到你所期望的结果,你的心意和感受也会或多或少地传达给对方。

患有社交恐惧症的人,因为觉得自己不善于与他人进行沟通,所以往往倾向于选择被动型的沟通方式,无法有效地表达出自己的意见。通过认识这四大支柱,大家将能够自然地选择自主型沟通的方式,表达自己的态度和想说的内容。

自主型沟通的四大支柱

① 保持诚实

想要构建双方的信赖关系,就不应对自己和他人说谎。要诚实地面对自己的感受,真诚地与对方交流沟通

② 保持直率

拐弯抹角的措辞,很难让对方明白你的主张。应在尊重对方感受的前提下,直率地表达自己的感受和想法

③ 保持平等

不卑躬屈膝。用不卑不亢的态度和他人相处

④ 对自己的言行负责

使用怎样的语言、怎样的态度,要凭借自己的意志决定。难以启齿的内容,也要以恰当的方式来表达

通过自主型沟通顺利拒绝一些工作安排

如果你在他人面前会感到尴尬,一定不要忘记运用自主型沟通的技巧。特别是当你因为没有多余的时间精力,想要拒绝一些工作安排的时候。

例如,突然有人要求你承担新的工作或杂务,而你此时连自己的工作都忙不过来了,你肯定会想要拒绝。如果总是开不了口，每次都半推半就接下了工作，就可能会对你的身心健康造成不良的影响。

这时，自主型沟通就派上用场了。首先，对于无法接手这项工作，要真心诚意地表达歉意（诚实）。其次，告诉对方你现在的处境。例如，客观地向对方解释："我现在在做任务A，明天早上就要截止了（直率）。所以今天很难完成你这个安排（平等）。"最后，从体谅对方的角度，在自己能力范围内提供替代方案（对自己负责）。例如，告诉对方："在完成A任务之后，我再处理此事，这样可以吗？"

通过这种自主型沟通的方式，可以巧妙地拒绝临时的工作安排，避免引起不必要的争端。

要点

通过自主型沟通建立良好的人际关系

02　与他人熟悉起来，让交流更轻松

增加见面的次数，熟悉对方

与陌生人初次见面交流时，多数人都会感到紧张。但与亲密的朋友或家人在一起时，几乎没有人会感到紧张。如果遇到的是每天都有接触的人，谁都能够轻松而自然地与其进行交谈。

人们容易对经常见面的人产生好感。这不仅适用于人际关系，也适用于商品、音乐、气味等方面。举例来说，你是否有过这样的经历：面对反复播放的电视广告，你会不由自主地对其中的商品或音乐产生亲近的感觉。

像这样，只要重复接触某人或某事物，就会对其产生好感，这种心理被称为"纯粹曝光效应"。这一原理由美国心理学家罗伯特·扎荣茨提出，故也被称为"扎荣茨效应"。

通过增加见面的次数来提升好感

■初次遇见的人

警惕

不知道对方是怎样的人，所以对初次见面的人心怀警惕

■认识的人

放心

知道对方大概是个什么样的人，所以对其感到放心

■熟识的人

有好感

由于熟知对方的为人，所以感到亲近并抱有好感

某教师实施的"垃圾袋男子实验"

人会对经常见到的东西抱有好感。为了证实这一现象,扎荣茨博士介绍了一项由某位教师实施的有趣实验——"垃圾袋男子实验"。

这位教师让一位头套垃圾袋的男子,在每周固定的一天随堂上课,以此来测试学生的反应。刚开始,学生们感到害怕和不适,没有人接近这个头套垃圾袋的男子。但是,过了一段时间之后,学生们开始对他表现出兴趣。紧接着,有学生跟他搭话,最后他和学生之间萌生了友情。

扎荣茨博士从这一情况中得出结论,认为人会对多次见到的人或事物产生好感。不过,仅凭这一实验还不能够充分证明单纯的接触就能够产生好感。于是,扎荣茨博士用外语和人物相片继续进行实验,使得这一理论进一步得到了证实。

想和对方熟悉起来,先从打招呼开始做起

"纯粹曝光效应"在想要获得周围人的好感时,也能发挥很好的作用。

在他人面前说话会紧张的人,会因为太过于不希望别人发现自己的紧张,而想要躲藏起来。

"要是手发抖了怎么办""脸红了怎么办",他们对此感到焦虑不安,以至于刻意回避在他人面前发言。但是,这样下去,无论是与人接触,还是去上班,都会给他

们造成压力。

为了避免这样的情况发生,可以先从熟悉周围的人开始做起。利用纯粹曝光效应,能够提高相互之间的好感度。

为了增强接触产生的效果,可以在会面时跟他人打招呼、点头示意。每天相互问候,形成习惯,互相之间就会感觉亲近。不必勉强自己非得说些什么,关键在于尽可能地增加见面的次数。

做外勤也同样如此。一开始在客户那儿没有人搭理,但只要你能坚持增进联系,对方终将打开心扉。

远程办公的情况下,人们很难直接见面,但仍有其他办法可以用来提升对方对自己的好感。例如,电子邮件、电话和写信等方式都十分有效。可以坚持每周给对方发一次感谢的话,或其他无伤大雅的内容,直到双方的交流沟通变得顺畅。

不过,要注意凡事都要有个度。要是联系过于频繁,对方会觉得你很难缠。注意不要让联络成为对方的负担,在这个前提下与对方增加了解,相互熟悉吧。

一同就餐有助于商务谈判顺利进行

美国心理学家格雷戈里·拉兹兰提出了"与他人共享美味佳肴可以给对方留下良好印象"的观点。利用这种心理作用进行谈判的方法被称为"午餐技巧"。

午餐技巧是指一边就餐一边与对方进行商务谈判或交

涉的技巧。政治家和企业家在用餐期间进行讨论就是利用午餐技巧的典型例证。

从根本上说，用餐是一种能给人带来幸福感的行为。进食会促使"快乐激素"5-羟色胺分泌。在5-羟色胺的作用下，人们会产生积极的情绪，更容易对对方抱有好感。

此外，根据"联想原理"的作用，与他人共享美味佳肴会增加对对方的亲近感。联想原理指的是在某些条件下，人们会产生无关的事物之间存在联系的错觉。美味佳肴和幸福感产生联系，会增进用餐者对对方以及对话题的好感。

在商务场合中，也会有在用餐时进行谈判的情况。届时请回想起这一技巧。

此外，午餐技巧不仅适用于工作场合，也适用于想与初次见面的人建立密切关系的情况。不仅如此，在与喜欢的人约会时，这种技巧也非常有效。提供符合对方口味的菜肴会增强午餐技巧的效果。通过愉快的用餐时光来建立今后的人际关系吧。

第1步　第2步　**第3步**　第4步

使用午餐技巧的情境

① 政治交涉

政治家进行秘密谈判时,经常选择高级饭馆。除了保持隐蔽,还有促进双方建立融洽关系的目的

② 外交接待

晚餐会作为一种外交手段,目的在于使双方在就餐时建立紧密的关系。一般在国际会议之后,会举行晚餐会

③ 商务谈判

想缩短与客户的距离时,接待对方一同就餐,也是为了利用午餐技巧

④ 恋爱约会

在第一次约会的时候,邀请对方去食物美味的饭店,更容易取得对方好感。在用餐时,也更容易促成下一次约会

要点

要想与对方熟悉起来,
关键在于多与对方碰面

03 运用镜像模仿技巧与他人熟悉起来

人会对与自己相似的人抱有好感

你会迅速与哪种类型的陌生人打成一片呢?人们倾向于对与自己有共同点的人抱有好感。例如,当你与一个刚认识不久的人交谈时,发现你们在年龄、出生地等方面有共同之处,你会立刻对其感到亲近。你是否有过这样的经历呢?

这种被具有类似特征的人所吸引的倾向,被称为"相似律"。这一定律的特点是,与对方有越多共同点,其作用越强。

社会心理学家西奥多·纽科姆进行了一场有关相似律

的有趣实验。这一实验追踪了新入学住进宿舍的17名大学生，记录了他们结交朋友的方式。住进宿舍的第一周，住在相邻房间的人们很快就变得亲近。然而，住进宿舍14周后，房间距离不再是关键，思考方式和价值观相似的人们变得更加亲近。

当我们发现有与自己思考方式相似的人存在时，我们会自信地认为"我们的思考方式是正确的"。因为对方会一直赞同自己的观点，所以待在一起的时候会感到很舒适。相反，与我们思考方式不同的人很可能会否定我们。双方往往会由于意见的分歧而引发对立，对彼此感到不悦。正如俗语所说的，"物以类聚，人以群分"，相似的人会自然而然地聚在一起，这就是相似律的效果。

通过镜像模仿来增进好感

我们可以巧妙地运用相似律，使自己在与人交谈时不再感到紧张。当与他人有许多共同点时，对话往往会变得更加顺利，也更有可能给对方留下一个好印象。

然而，共同点并不是一直存在。有些时候，我们怎么也找不到双方的相似之处。遇到这种情况，就可以尝试利用"镜像模仿"的技巧。

镜像模仿是一种相似律的应用技巧，可以通过模仿对方使对方产生亲近感。具体的做法有以下4种。

第1步　第2步　**第3步**　第4步

①与对方的表情保持一致

首先是"表情一致"。如果对方说话时面带笑容,你也在倾听时回以微笑。如果对方看起来很悲伤,你也露出同样悲伤的表情。通过与对方的表情保持一致,对方会觉得"他/她对我敞开了心扉"或"他/她理解了我",从而对你产生亲近感。

②与对方的说话方式和声音状态保持一致

其次是"声音状态一致"。这是指根据对方的情况来调整自己的语速、音调和音量等。这是一个被称为"统一步调"的技巧,也可以说是一种"对话中的镜像模仿"。如果对方语速快,你就快速回应;如果对方的音调比平时高,你也稍微提高一点自己的音调。人们往往认为与说话的语速和音调相似的人更容易相处。这样一来,你们之间就会产生共鸣,沟通也会更加顺畅。

③与对方的神态和动作保持一致

再次是"神态动作一致"。当对方喝饮料时,你也喝一口,对方点头时,你也点点头,以一种不经意的方式模仿对方的动作。要注意不要过分夸张做作,可以适当错开时间点或降低频率,使模仿行为更加自然。

④与对方的姿势保持一致

最后是"姿势一致"。当你们在交谈时,如果对方身体前倾,你也跟着前倾;如果对方摆出轻松的姿势,你也放松自己;等等。在观察对方的同时进行镜像模仿。

然而,要注意把握使用镜像技巧的度。在此需要赘言几句，频繁地模仿对方的言行，会让对方感到不自然，甚至会让对方觉得你在嘲笑他，从而引起他的戒备。关键在于，要做到不让对方介意，以自然而不做作的方式进行镜像模仿。

镜像模仿的4种方式

① 表情

对方露出笑容的话，你也跟着一起微笑；对方神情悲伤的时候，你也做出同样悲伤的表情。保持一致的表情，会让对方产生亲近感

② 说话方式和声音状态

说话的语速、音调、音量等与对方保持一致。语速和音调相似，沟通交流会变得更顺畅

③ 神态和动作

对方喝水的时候，你也跟着喝；对方点头的时候你也点点头，模仿对方的动作。要避免显得不自然，所以要注意模仿的次数不能太多

④ 姿势

对方身体前倾，你也跟着前倾；对方摆出轻松的姿势，你也舒展身体，让对方感到亲近

第1步　第2步　**第3步**　第4步

实验表明，镜像模仿能增进好感

纽约大学的心理学家塔尼娅·莎特朗和约翰·巴奇进行了一项与镜像模仿有关的实验。

该实验让初次见面的陌生人两两结成一对，分成两组调查他们相互之间好感度的变化。莎特朗和巴奇让参与者在小组内进行讨论，并指示其中一个参与者在讨论中模仿对方的动作。讨论结束后，调查各小组成员相互之间的评价。结果显示，镜像模仿对方的参与者，比其他参与者获得的好感度要更高。

在讨论时，只有一个人被要求模仿对方，被模仿的人并没有意识到这一点。可以认为，被模仿的人，会在潜意识中对对方抱有好感。这个实验证明，镜像模仿在建立人际关系方面具有积极的影响。

推荐与回溯法搭配使用

在理解了镜像模仿技巧后，我们可以尝试在交流中实际运用。比如，在对话中自然地模仿对方的动作、说话方式等。只要做到感情、说话的节奏、声音音调相似，对方就会觉得和你交流起来很融洽。如果对方说话的时候轻松愉快，你可以稍微提高声音的音调，并在说话的时候报以微笑。

如果对方向你倾诉烦恼，你可以稍微压低音调，用认真的表情倾听他们的话。这么做可以向对方表示你也感同身受。

直接重复对方所说的话也能起到作用。这是一种名叫"回溯"的技巧,也被称为"鹦鹉学舌"。例如,如果对方说"其实我在公司遇到了烦心事",你可以回复说"你遇到了烦心事啊"。不经意地重复对方说过的话,可以表达出自己的关心。

此外,在回应的最后加上一句类似于"发生了什么事?""一定很辛苦吧?"的话语也十分有效。对方会知道你在认真地倾听他们的话,因此会想要继续与你沟通。如果事先了解过对方的兴趣爱好,展示双方的共同爱好也是不错的选择。如果对方喜欢电影,你也喜欢电影,那么就能借此自然而然地拓展话题。

镜像模仿、统一步调和回溯这些技巧不仅适用于职场和商务外勤的场合,也适用于个人生活中的社交。当对话顺畅热闹时,紧张感也会自然消失。让我们先逐渐适应与人交谈吧。

要点
通过镜像模仿让沟通更顺畅,增进相互之间的好感

04 改变不了紧张情绪,就改变说话方式

不根据人和场合来选择适当的说话方式,就无法引起对方的兴趣

如果你总是在公众场合感到紧张,无法好好表达自己,你也可以尝试改变说话方式。

例如,会说话的人善于以吸引人的方式与听众交流。无论是在商务洽谈、演讲演示还是轻松闲聊的情境中,他们都能清晰地言之有物。然而,不善言辞的人即使拼命地讲,也很难引起对方的兴趣。为什么会出现这种差异呢?

可能有以下原因:

· 要点不明确

- 信息没有经过整理
- 说话的内容没有逻辑

说话的人如果总结不出自己发言的要点，就会漫无目的地说个不停，使听者感到不知所云，陷入疲倦的状态。

而会说话的人则能根据听者和场合的不同，使用两种不同的说话方式，即美国心理学家哈罗德·斯波姆伯格提出的"高潮法"和"反高潮法"。

这两种方法在进行说服和解释的情况下特别有效。想要引起对方的兴趣，除了要逻辑清晰地陈述要点外，还需要根据人和场合的不同选择合适的说话方式。

高潮法：在最后给出结论

第一种说话方式叫做高潮法。这种方法首先说明情况或原因等，然后在最后说出想要重点表达的结论。例如，"由于……是……，所以……"。由于主语在前，谓语在后，高潮法是一种我们很熟悉的说话方式。

还有一种很有名的方法，也会将结论放在最后，那就是"起承转合"法。起承转合在小说、电影等艺术形式中经常被用到。人们会被戏剧化的情节吸引，一直专注地欣赏到最后。

高潮法适用于以下情况：

- 与对方建立了信任关系
- 对方对我方的讲话感兴趣

·注重讲话形式的场合

在对方会认真听我们说话，或者对我们所说的话题感兴趣的情况下，高潮法有很好的效果。如果对方对话题不感兴趣，不打算认真听，那么很可能会在中途感到厌烦，无法坚持到结论部分。因此，这种方法在与知根知底的人交谈时，或者在讲座、演讲、面试等场合可以使用。在商务谈判中，如果对方对我方的话感兴趣，那么把结论放到最后更有可能成功。

在开头加上类似于"这是我们之间的秘密"或"请不要告诉任何人"等话语，可以加强语言表达的效果，增加对方的期待。

不过，正如前面所提到的，采用这种说话方式的前提是自己和对方之间建立了信赖关系，或双方是双赢的关系，对于在公众场合容易感到紧张的人来说，使用这种方法可能会有困难。遇到这种情况，下面将要介绍的反高潮法可能会更加奏效。

反高潮法：首先给出结论

第二种说话方式是反高潮法。反高潮法会将最重要的结论部分，在一开始就告诉听众。

一开始就给出结论，然后再给出理由和具体例子进行解释，如"这是……。之所以这样是因为……"。由于听者马上就能知道结论，因此在想要迅速引起对方兴趣的时候，这一招非常有效。

反高潮法适用于以下情形：

- 尚未建立起与对方的信赖关系
- 对方对我方的讲话不感兴趣
- 结论具有较大的冲击力
- 时间有限

这种反高潮法不仅适用于对我方不感兴趣的人，还适用于应对"性情急躁的人"和"希望理性思考事物的人"。因为知道结论之后，可以更加集中注意力听讲。即使对方没有听到最后，至少关键的部分已经传达给了对方。因此，反高潮法在希望有效利用时间的工作场合备受青睐。例如，在汇报、商务谈判、会议、广告、电话销售等情境下会经常使用。

当你在公众场合感到紧张，脑子一片空白，不知道下一步该说什么时，先从结论开启你的话题，可能是一个不错的方法。

另外，如果对方表现出对话题不感兴趣的态度，可以尝试使用具有冲击力的话语，例如，"我先告诉您一个重大消息"或"其实名为××的产品已经上市了"，以吸引对方的兴趣。

高潮法与反高潮法的说话方式

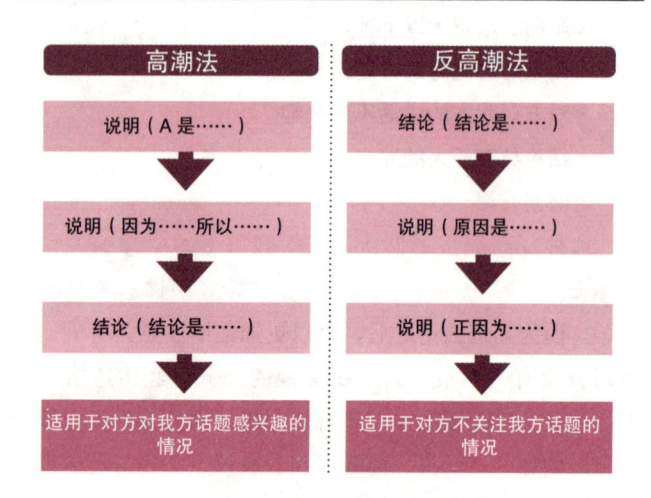

高潮法	反高潮法
说明（A是……）	结论（结论是……）
↓	↓
说明（因为……所以……）	说明（原因是……）
↓	↓
结论（结论是……）	说明（正因为……）
适用于对方对我方话题感兴趣的情况	适用于对方不关注我方话题的情况

结合两种方法，让效果更进一步

在与他人交流时，仔细观察对方的神情和状态，判断是应该使用高潮法还是反高潮法至关重要。一般来说，男性更倾向于逻辑思考，更喜欢反高潮法，而女性更注重情感，更接受高潮法。然而，也有例外情况，所以最好根据对方说话的具体方式来选择。

此外，善于言辞的人不仅会根据情况分别使用这两种说话方式，还会将它们巧妙地结合起来。这样做可以进一步引起对方的兴趣。

这里介绍一种对话的模式："给出结论"→"谜题引

入"→"解释"→"结论"。这种说话方式是在开头给出结论,然后解释原因,最后再一次复述结论。

例如,在开头的结论部分告诉大家"你能够实现你的目标",吸引对方的兴趣。在接下来的谜题引入环节中说"为此,你必须向我保证一点",煞有介事地补充解释结论。然后开始说明理由,"你是否还在尝试单打独斗呢?比起一个人行动,团队协作更能提升效率"。最后再次回归到结论上来,"所以,如果你实现了团队合作,你就能够实现目标"。通过这个过程,可以同时获得高潮法和反高潮法的效果。

除了在说话时做到不紧张,还可以掌握好说话的方式,借助对话中的一些小技巧,引起对方的兴趣。让我们一点一点地进行实践吧。

要点

根据对方的情况改变说话方式,让对方对话题产生兴趣

05 积极引入身边的话题来拉近关系

聊私人的话题,更容易与他人建立信赖关系

有时虽然想要放下紧张情绪,与对方融洽地相处,但不知道该聊些什么。在这种情况下,可以选择讨论私人一点的话题。在心理学中,将自己的私人信息如实地告诉他人的技巧被称为"自我表露"。具体来说,可以坦率地谈论自己的身世、兴趣爱好、思考和感受等。

自我表露是建立信赖关系不可或缺的一环。这是因为人们在初次见面时往往会互相警惕。如果不了解对方的性格和思想,也就很难信任对方。如果不能取得信任,即使是对对方有益的话，对方也不会愿意听。因此，向对方表露自己的为人，寻求对方的理解是非常重要的。

此外，当我们进行自我表露时，对方会受互惠原则影响，认为"对方向我透露了私人信息，那我也应该好好回应"，从而使对话继续进行下去。这样，彼此之间坦诚地讨论个人的话题，会让两人的关系逐渐变深。

通过自我表露来获得对方的理解

聊私人的话题更能让对方打开心扉

通过情境效应建立更好的关系

将情境效应与自我表露的方法相结合,可以与对方建立起更密切的关系。情境效应指的是在前后文线索和情境的影响下,个体对某一对象的认知会发生变化。

情境效应不仅适用于认知事物的情境,还适用于工作和生活的情境。例如,在销售工作中,我们必须与各种不同的客户打交道。

如果无法与他们建立良好的关系,商务谈判可能无法取得成功。在这种情境下,提出让对方感到亲切的话题,可以取得很好的效果。

纽约大学心理学家格兰尼·菲茨西蒙斯进行了一项实验,以在机场候机区形单影只的人作为研究对象。她让一半的调查对象向自己介绍他们的朋友,而要求另一半的人介绍他们的同事。然后她继续问道:"我还想再问一些其他的问题,你可以回答我吗?"结果,聊过有关朋友的话题的人,有52.9%答应了她的请求;而聊的是关于同事的话题的人,只有18.0%作出了肯定的答复。

这个实验证明,当人们聊到自己熟悉的话题,感到心情愉悦时,他们更容易积极地回应他人的请求。为了在交谈中不再感到紧张,创造能够畅所欲言的氛围,并努力让对方敞开心扉是很重要的。

结合自我表露和情境效应

以商务谈判场景为例,不善言辞的A先生要想通过自我表露和情境效应来拉近与客户代表B先生的距离,他应该怎么做呢?

在初次见面时,他们的关系还比较疏远,所以A先生在正式商业谈判开始之前先开启了一段闲聊。A先生说道:"最近我迷上了在家做力量训练。B先生,你有什么兴趣爱好吗?"(自我表露)然后,假设B先生出于互惠的心理回答说:"我最近经常阅读。"听到这个回答后,A先生继续追问:"阅读吗?太好了。你有什么推荐的书吗?"通过反复提问,B先生逐渐积极地聊了起来,说:"我觉得××这本书很有趣,内容讲的是……"

闲聊可以让气氛变得轻松愉快,从而使谈判顺利地进行。

与外部人员进行商务谈判,会让人感到格外紧张,但工作上不要不懂得变通,重要的是先与对方打成一片。

要点

先利用自我表露和情境效应,缩近与对方的距离

06 在提出方案时把不足也告诉对方

只说事物好的一面,会产生内疚感

当你向他人提议时,你是如何开口的呢?例如,你邀请朋友一起用餐。大多数人可能会说:"我听说有一家很好吃的餐厅,我们一起去吧。"

然而,容易焦虑不安的人在开口后会顾虑对方的反应,担心自己是不是有些冒失,让对方因为不好开口拒绝而左右为难。这会导致他们越来越不擅长提出邀请和方案。无论是什么事情,都有好的方面(优势)和坏的方面(劣势)。这不仅适用于商品和服务,也适用于人与人之间的交往。

当向某人提出建议或作出解释说明时,如果只说好的一面,那就被称为"一面提示";不仅说出好的一面,还

第1步　第2步　**第3步**　第4步

告诉对方坏的一面的做法被称为"两面提示"。

一面提示可能会使你心生内疚。在前面的例子中,你告诉对方"有一家听说很好吃的餐厅"。但是,如果这家餐厅位置偏远或需要排队等1小时,情况会怎样呢?如果对方不知道这个事实,就意味着你隐瞒了这家餐厅的缺点。你心里就会因为对对方有所隐瞒而感到内疚。

告知不好的一面,会降低对方的抵触情绪

那么,如何通过两面提示的方式将信息传达给对方呢?下面以刚才提到的邀请对方去餐厅一事为例进行说明。

通过一面提示,你说道:"我听说有一家很好吃的餐厅,我们一起去吧!"如果改为两面提示,你可以这么说:"有家餐厅很受欢迎,排队要等1小时,不过口碑很好,我们一起去吧!"两面提示也适用于工作场合。在销售情境中,你可以告诉对方:"这台洗衣机价格稍高,但功能齐全,非常方便。"

两面提示在双方尚未建立起很强的信赖关系时非常有效。正如俗语所说,"天下没有免费的午餐",人们在面对不太熟悉的事物时,如果听到有人一味强调事物好的一面,难免会怀疑:"他们是否隐瞒了什么?"如果他们之后发现了不好的一面,不仅会感到不悦,还可能对你感到不信任。

然而，如果除了好的一面外，还告知对方事物不好的一面，对方就无须再怀疑了。你坦诚的沟通态度，也会降低对方对你的提议的抵触情绪。此外，这也会给对方留下诚实的印象，有助于建立起与对方的信赖关系。

如果双方已经建立起了信赖关系，或对方已经达成了共识，一面提示会更加奏效。根据对方的情况的不同，灵活应用不同的方法，你就可以做到自信地提出建议。

通过自我披露来获得对方的理解

一面提示	两面提示
只说事物好的一面。如果事后对方发现了不好的一面，可能会引起纠纷	除了好的一面，还告知对方不好的一面。容易给对方留下诚实的印象

告知劣势的时机很重要

要提高两面提示的效果，说出事物不足的时机非常重要。并不是说在任何情况下都要告诉对方所有优势和不足。为了给对方留下良好的印象，我们需要谨慎地选择说话方式。

在使用两面提示的方法时，应先告诉对方不足之处。正如前面的例子，"这台洗衣机价格稍高，但功能齐全，非常方便"就做到了这一点。

因为人们更容易记住后面听到的事情，所以把劣势先告诉对方非常关键。另一个重要的因素是，要让优势和劣势产生关联。具体而言，可以这样表达："虽然价格稍高，但那家店的菜肴绝对是珍品。"要充分发挥两面提示的效果，就要注意说出劣势的时机和其与优势的相关性。

向某人拜托某事或提出方案时，容易产生一种不好意思的感觉。两面提示不仅可以缓解这种不安，还可以顾及到对方的感受。

要点

先告知不足之处，降低提议的难度

07 语言之外的沟通工具

除了用语言表达自己的情感，还需要用到其他的沟通方式

一提到沟通，大多数人首先会想到使用语言或文字进行的沟通交流。然而，正如俗语所说，"眼睛是心灵之窗"，我们在传达信息时不仅会用到语言，还会用到我们的整个身体。

用话语来进行的沟通交流被称为"言语沟通"，而利用表情、声音、手势等非语言要素进行的沟通交流则被称为"非言语沟通"。非言语沟通也可以说是一种利用人的五感进行交流的沟通方式。

美国心理学家艾伯特·麦拉宾研究发现,在发言者给听众留下的印象当中,语言所占比例仅为整体的7%,其余的93%都是非言语要素(麦拉宾法则)。

人们会从语言之外的部分获取大量的信息。如果能够巧妙地运用非言语沟通,那么即使紧张得无法把话说好,也可以利用说话以外的方式辅助。

多种多样的非言语沟通

在非言语沟通中,大家要注意这三个方面:
①通过表情进行沟通
第一个方面是"通过表情进行沟通"。例如,当你得到同事在工作中给予的支持时,如果能立刻展现出快活的表情,就能向对方传达愉悦的心情。即使没有用语言去表达感谢,仅凭表情也能让对方明白你的情感。
②通过声音进行沟通
第二个方面是"通过声音进行沟通"。这不是指用声音传达文字信息,而是利用声音的音调、音量、节奏等方面来辅助沟通。用较高的音调说话,能给人留下阳光开朗的印象。如果想表达不满的情绪,就可以降低声音的音调。即使不明说,通过声音也能表达出不满的情绪。
③通过身体动作进行沟通
第三个方面是"通过身体动作进行沟通"。这包括手势、神态和姿势等。在对话过程中,如果你点头表示赞同,就能向对方表明自己正在认真倾听,而伸出手或指向某个方向,则可以更清晰地进行解释说明。对于语言不通的外国人,手势也能起到很好的沟通效果。

通过非言语沟通,你可以更清晰地向对方传达难以用语言表达的信息。通过适当的回应,可以让对方感到放心,使彼此建立起信赖关系。

此外,通过表情和声音的音调等信息,也可以更好地理解对方的状态。如果能够从对方的表现中知道他的真实想法,就能做出更恰当的回应。

非言语沟通的几种类型

表情	声音	身体动作
人的喜怒哀乐容易从表情上体现出来。就算不说出来,也能借此表达自己的情感。这包括视线和眼睛的动作	说话的方式和音调,也会体现出说话人当时的心理状态。不直接借助语言,也可以通过音调来表达自己的心情	包括手势、神态和姿势等。因为动作可以更清晰地进行解释说明,所以和语言不通的外国人也能有效沟通

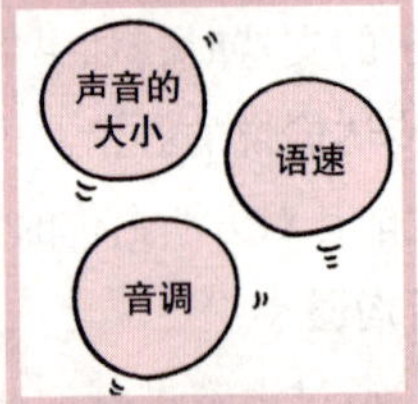

声音的大小、语速、音调

引入非言语沟通的方法

当你希望采用非言语沟通的方法时,可以考虑以下五点:

| 第1步 | 第2步 | **第3步** | 第4步 |

- 模仿对方的动作和姿态（镜像模仿）
- 模仿对方说话的节奏和语调（统一步调）
- 用表情和神态表达自己的情感
- 注意与对方进行眼神交流
- 在倾听对方讲话时点头表示理解

　　镜像模仿和统一步调是在第3节中介绍过的方法。此外，正如前面提到的，你的面部表情神态会反映出当前的情感状态。当你感到快乐时，就露出笑容；当你对话题感兴趣时，就适度靠近对方。这样表达自己的情感可以给人留下良好的印象。而且，注视对方的眼睛也非常重要，低下头或眼神躲闪可能会让对方感到不舒服。同时，在倾听对方讲话时点头示意，表现出努力聆听的态度也有很好的效果。让我们通过非言语沟通，创造出轻松的交流氛围，达到更好的沟通效果吧！

要点

在公众场合词不达意时，可以尝试一下非言语沟通

08 不要把别人的恶意放在心上

不善言辞,可能源自负面情绪

在他人面前说话时感到紧张,很多时候都是由人的负面情绪造成的。这些负面情绪包括紧张不安、恐惧和焦虑等。

很多人都会有这样的经历,比如在做会议演示的时候,忘了PPT读到了什么地方,或者在开会的时候感到一时语塞。

这些经历会让人担心下一次上台时重蹈覆辙,因此想要逃避这种可能失败的情境。特别是在失败后遭到了批评,并对此产生过恐惧的负面情绪后,更是会想要尽全力避免再次挨骂。

但是，如果做的是销售工作，就不可避免地会收到客户的投诉；外出跑业务也难免会遭到客户的无端刁难。

我们要避免陷入这些由人际关系带来的负面情绪中不能自拔。为此，很有必要事先学习如何应对他人的批评和指责。

放慢语速，不要被对方牵着鼻子走

在遭到他人批评或承受了他人的怒火后，人人都会感到不快。但是，如果骂不还口，只会给自己不断积累压力。那么，在现实生活中，被别人指责时，要如何应对呢？

首先要做到沉着冷静、慢条斯理地回话。人很容易不知不觉地被牵着鼻子走，失去自己的节奏。例如，听到火灾报警器响的时候，如果周围的人都在慌忙逃难，你会不会也急着往出口跑呢？反过来，如果大家都在冷静地等待指示，你也会不慌不忙地认为那是误报吧。

在对方生气的时候也是一样。批评和责备他人的时候，由于过于激动，说话会变得像连珠炮弹一样咄咄逼人。如果以同样的方式回话，只会火上浇油。为了稳定对方的情绪并保持自己的冷静，我们要保持沉稳，慢条斯理地与其对话。我方保持着冷静的态度，对方的气势就矮了一截，攻击性的言行也会减少。受到批评或责骂时，

第1步　第2步　**第3步**　第4步

不要过度责备自己,请努力冷静应对,不要被对方的步调左右。

想做到沉着冷静、慢条斯理,可以记住以下五种策略

那么,具体要如何才能做到以沉着冷静、慢条斯理的方式说话呢?对此,心理学家尼尔森·琼斯提出了应对批评的五种策略。

例如,我们先假设一个情境,你接到了购买本公司产品客户的投诉:"东西坏了!这是残次品,给我换个新的!"

第一种叫作"反射策略",即把对方说的话总结之后重复一遍。在该情境下可以回答说:"因为产品无法正常工作,所以您希望更换一个,对吗?"表现出倾听和接纳的态度,阻止对方的怒火进一步升级。

第二种是"分散策略",把对方的主张拆分成不同的部分,只承认其中的一部分是己方的错误。例如,可以回答说:"产品无法正常工作,我们深感抱歉。但是……",即只承认对方的部分主张。在尚不清楚具体情况时,盲目接受对方的所有主张并不明智。而认同一部分对方的主张,可以减轻对方的愤怒。

第三种是"提问策略",例如,可以询问对方"您为什么会这样认为呢?"通过提问来深入了解对方愤怒的理

由。具体一点，你可以问对方"产品是怎么损坏的呢？"提问的时候，态度要亲切，让对方放下疑虑，体会到你在认真倾听。让对方思考问题，可以使他们远离愤怒的情绪。但是请注意，在使用提问策略之前，要注意先酌情使用反射和分散的策略，以免对方指责你用问题回答问题。

第四种是"拖延策略"，拖延决策时间，不要立即做出决定。例如，你可以以这种方式回复："感谢您的宝贵意见。我们公司在研究讨论后，再与您联系，可以吗？"当感到自己被对方的气势压住时，这种方法能有效发挥作用。为了冷静地处理对方的诉求，需要创造出足够的时间。

第五种是"反馈策略"，评估对方的状态并用客观的语言表达。人在批评他人时，没有心思去关注自己的状态。这时可以向对方指出："我们理解您的观点，但是，这样的说法是否也有一点偏激呢？"这样一来，对方可能会重新审视自己，恢复理性。

面对客户的投诉，或者因工作失误受到上司指责时，人很可能会不知所措。为了保持自己精神状态的稳定，要牢记这五种策略。

| 第1步 | 第2步 | **第3步** | 第4步 |

处理批评的五个策略

① 反射策略

"您指的是……吗?"

归纳总结对方的观点,然后进行重复。表现出理解的态度,以防给对方的愤怒火上浇油

② 分散策略

"实在是非常抱歉……"

把对方的主张拆分细化,承认我方的一部分错误。认可对方的一部分主张,可以稍微平息对方的怒火

③ 提问策略

"为什么会这样……"

问清楚对方这么想的原因,发掘深层次的理由。让对方思考问题可以使他们远离愤怒的情绪

④ 拖延策略

"能不能等我们先研究一下,再给您答复?"

适当拖延,避免立即做出决策。让自己有时间沉着冷静地应对

⑤ 反馈策略

"您说得会不会有一点偏激……"

评估对方的状态,用客观的语言进行描述。对方可能会因此重新审视自己,恢复理性

别让自己流露出受伤的样子

面对他人的批评或愤怒,尽量不要表现出受伤的样

子。一个人在批评他人时，难免内心感到不舒服。因此，如果我们表现得很受伤，对方会感到坐立难安。在这种自责情绪的驱使下，他们往往会为了逃避罪恶感，而把我们当作坏人。对方的内疚感越强，行为就会变得越激进。当我们意识到自己伤害了别人时，会因无法忍受愧疚，而强化对对方的厌恶，这种心理倾向被称为"内疚放大假说"。

此外，对方挖苦我们或打我们的小报告时也是一样。例如，如果对方说："你的工作看起来很轻松啊，真好！"此时我们不要急着反驳，可以回问："这么说是什么意思呢？"对方会因担心让事情变麻烦，而不再说嘲讽的话。

不要因为受到他人的言行影响而积郁负面情绪，导致自己患上社交恐惧症，我们应该学会灵活地应对这些批评和愤怒。

要点
慢条斯理地回应批评，缓和负面情绪

09 扮演倾听者的角色

会沟通的人也懂倾听

你是否有沟通能力强的人都很会说话的印象?然而,在沟通中,与说话能力同样重要的是能充分理解对方的倾听能力。

在进行对话时,自己与对方说话的理想比例是三七开或二八开。这是因为,每个人都有希望被他人认可的需求。当你扮演倾听者的角色时,对方会觉得自己得到了倾听和理解,满足了对方被认可的需求。人们往往对满足他们认可需求的人抱有好感,这有助于建立良好的信赖关系。

学会倾听，成为一个好的倾听者

掌握倾听的能力，是成为一个优秀倾听者最直接的途径。倾听力是一种专心聆听对方的能力。然而，单纯听对方说话，并不能称为倾听。倾听要求我们不仅要听到对方所说的话，还要与对方共情，理解他们话语背后的真意。

美国心理学家卡尔·罗杰斯提出了倾听的三个要素：

①接纳

"接纳"意味着接受对方所说的一切。倾听者不以自己的喜好为标准来批判或否定对方说的话，而是关注对方为什么持有这样的观点，并努力引导对方表达真实想法。

②共情

"共情"是站在对方的立场上，努力以对方的视角去理解问题。比如，思考"他会怎么看待这个问题""他会有什么感受"，等等。表达共情也能让对方感到安心。

③自我一致

"自我一致"指的是做到表里如一，让言行和内心真实感受保持一致。为了理解对方的真情实感，如果没听明白对方的表述，我们可以追问："具体是什么意思呢？"如果不求甚解地推进话题，就违反了这一原则。

倾听所必需的三个要素

- 共情
- 接纳
- 自我一致

每个要素对于理解他人而言都十分重要

提升倾听能力的三个重点

想要提升倾听的能力,需要做到以下几点:

- 坦诚相待
- 借助表情和肯定的回应表示理解对方
- 不打断对方讲话

首先是与对方坦诚相待。将身体面向对方,看向对方的面部和眼睛,以此表明你有意愿倾听对方说的话。在倾听时,还要留意自己无意间的动作。交叉胳膊或交叉双腿会让对方感到隔阂。如果视线游移不定,对方可能会认为你在隐瞒什么,并因此感到不舒服。

其次是借助表情和肯定的回应表示理解对方。保持微笑可以说是倾听的基本技巧。然而，如果一直保持笑容，可能有时会与对话的内容不符，让人感到难以信任。因此，根据对话内容的不同，在聊到开心的话题、正经的话题和悲伤的话题时，要相应地改变自己的表情。可以有意识地采用第3节中介绍的镜像模仿技巧。

此外，适度地附和对方也非常有效。适时地回应"是的""我能理解""我第一次知道原来是这样"等，对方会体会到我们真正接纳了他们说的话，可以营造出一种能将对话继续下去的良好氛围。

最后是不打断对方讲话。即使对方与自己持相反的观点，也要先将对方的话听完，这种态度至关重要。在对方还没说完的时候提问或发表意见会让对方感到不满。请在对方讲完之后再表达自己的意见。

在倾听时，根据情况概括说话的内容也很重要。

这种方法被称为"转述"，即用自己的话复述对方所说的内容。例如，当对方说"我在资格考试中合格了"时，可转述为"你通过了资格考试啊"。这样不仅能告诉对方自己在用心倾听，还可以与对方进行认知上的磨合。在日常对话中有意识地开始练习，逐渐培养倾听的能力吧。

通过自我监控来根据对方的需要调整发言

心理学家马克·斯奈德提出了一种叫做"自我监控"

的方法，可以用来提高倾听能力。具体来说，就是客观地审视自己的行为和态度，并对其进行调整。

擅长与他人沟通、善于察言观色的人被认为具有较强的自我监控能力。因为他们时刻注意着自己在他人眼中的形象，所以能够灵活地根据情境和对方的需求改变说话方式。

相反，自我监控能力较差的人更注重自己的感受，不太在意周围的人。由于不会根据情境和对方的需求来进行调整，他们说话常常不合时宜，也不善于察言观色。

要提高自我监控能力，关键是要客观地观察自己。将自己的言行记录在备忘录或日记中，并进行自我分析，思考"为什么我会这样做"和"我的感受是怎样的"。这样做可以帮助我们察觉到自己有哪些发言出了问题，让我们明白下次应该如何表达。反复进行这种客观观察，自我监控能力就会逐渐提高。

在工作场合，自我监控能力也很有用。例如，在观察会议情况的同时，思考自己可以做出怎样的发言，应该采取哪些行动。只要做好准备，即使出现突发状况，也能够从容地发言，取得与以往不同的结果。

要注意，察言观色也不能太过火

具备较高自我监控能力的人也存在缺点。那就是虽然能够察言观色并根据周围情况改变措辞，但容易被认为是个圆滑世故的人。此外，过于关注周围的反应和他人对自己的看法，也会导致精神上的疲惫。因此，要注意应该只在有必要的时候使用自我监控。

特别是在想要坚持自己观点的时候，应该关闭自我监控。根据美国心理学家巴登的研究，越是过于担心他人的目光，越容易被他人操纵。换句话说，如果一直迎合他人，就容易被他人利用。

有社交恐惧症的人往往不能坚持自己的观点。在沟通交流中，虽然察言观色是必要的，但在不想妥协的场合，坚定地贯彻自己的意志也非常重要。

要点

不仅要表达自己的意见，倾听也很关键

10 一点一点地表现出自己的想法

表达自己的想法，重视自己

在良好的沟通中，互相表达自己的想法是必不可少的。然而，有社交恐惧症的人往往害怕坚持自己的意见。特别是在有求于人的时候，他们可能会感到强烈的抵触情绪。

但是，如果压抑自己的想法，只是一味迎合周围的人，会给自己造成心理负担。为了避免这种情况，要坚定地向对方表达自己的想法。这么做，也是关爱自己、对自己负责的表现。

从小小的请求开始尝试

在有求于人的时候,任谁都会感到有些不好意思。如果担心开口求别人会被人嫌弃,那就越发难以启齿了。在对方的角度来看也是一样,太大的忙,答应起来也会有压力。

但是,如果请别人帮个小忙会怎样呢?例如,"我们能定个日子,好好地聊上一个小时吗?"和"能不能抽时间随便聊几分钟?"相比较,后者更容易被接受,不是吗?因此,当我们向他人提出请求时,较小的请求往往更可能被接受。

举个例子,假设你想邀请同事一起去喝酒,但如果你们还不够熟悉,直接说"我们一起去喝一杯吧?"可能会被拒绝。所以,可以先从小事开始。比如说,先向对方借一下资料,或者请教一个小问题,让对方能够毫不犹豫地答应。乍看之下似乎有一些南辕北辙,但是在拜托对方重要的事情之前,积攒这种小人情是至关重要的。一旦对方对你的小请求做出了肯定的回应,那么对后续的请求,比如喝酒的邀约,他们也更可能做出积极的回应。

| 第1步 | 第2步 | **第3步** | 第4步 |

拜托重要的事情之前先拜托对方做一些小事

在拜托重要的事情之前,像走楼梯一样,一步步拜托对方小事,最终会更有可能成功

小请求 / 小请求 / 小请求 / 小请求

在拜托别人的时候说明理由效果更好

人们一旦说了一次"是",就很难在对方接下来的请求中说"否"。这是因为人们在潜意识中希望让自己的行为和态度保持前后一致。没有人愿意被别人说成是一个阴晴不定、出尔反尔的人。因此,一旦开了先例,为了保持自己行为的一致性,人们会对接下来对方提出的更大胆的请求表示同意。

当你有事要拜托别人时,说明理由效果会更好。对方听到之后,会觉得你事出有因,更可能接受你的请求,任何理由都没关系。这是一种被称为"自动化效应"的心理现象。例如,你如果在邀约的时候说:"那件事我想跟你商量一下,所以下次一起去喝一杯怎么样?"这样的表达方式会增加对方答应你的可能性。一旦请求被接受,你就会渐渐变得不再那么抵触求人办事。注意要从让对方帮小忙开始,并且解释说明理由,逐渐增加请求的次数,让自己适应提出请求。

在表达自己想法的时候,以"我"为主语来表达

在与人交谈时,你是否曾感到自己很难得到对方的理解,或者自己的意思总是表达不清呢?还有的人可能会注意到,在表达自己的意见后,对方会面露不悦。如果总是遇到这样的情况,人就会开始害怕表达自己的想法。

在这种情况下,可以**把"我"放在句子最前面,将自己作为主语来进行表达**。这种表达方式被称为"我信息"。

你平时会不会说类似于"请安静一点"这样的句子呢?这样措辞,意思是"请你安静一点",句子潜藏的主语是"你"。这种表达方式被称为"你信息",这样说话,往往会让对方觉得你在指责他。由于措辞的语气较强硬,对方还可能会感觉受到了攻击和批判。

如果将这句话转换为以"我信息"来表达,就变成了"如果你能够保持安静,我会很感激"。因为表达了自己的感激心情,对方就不会感到冒犯,也更愿意把你的话听进去。

在称赞对方时,不要只说"你做得很棒",而是加上

自己的感受，比如"你做得很棒，我也要向你学习"。这样做可以让对方真心地感到高兴，而不会觉得你只是单纯客套几句。

不同的表达方式，会给对方留下截然不同的印象，因此将自己的想法用语言正确表达出来是很重要的。

明确句子的主语，让表达更便捷

我信息	你信息
· 以"我"为主语 · 表达出自己的感情	· 以"你"为主语 · 批评责备对方
"要是能帮我一个忙，我会很开心。" "怎么才到啊，我还担心你出什么事了。"	"你帮一下忙嘛。" "你怎么迟到了？"
↓	↓
对方更能接受	对方容易产生抵触情绪

如果很难把自己的想法用语言表达出来，也可以只真诚地表露自己的真情实感

若无法用语言表达自己的感受，那就真诚地表达出自己的情绪吧。即使只是简单的句子，如"我很开心""我很寂寞""我很伤心"，也能让对方体会到你的心情。

如果想更简单地表达自己的情绪，"谢谢"这个词也非常有效。可以用以下方式表达感激之情：

- **谢谢你帮了我**
- **谢谢你教我**
- **谢谢你听我倾诉**

"谢谢"这个词可以传达出"因为你做了某事，所以我很快乐"的意思。对方听到之后，会感到非常开心。

再次强调，重要的是表达自己的真情实感。这一点在工作和生活中同样适用。在紧张得语无伦次的时候，记得利用"我信息"，尝试表达自己的想法。

要点

拜托别人要从小事开始，自我表达时多利用"我信息"

专栏 3

哪些疾病会让人害怕与他人沟通

害怕在他人面前说话或其他形式的沟通交流,这样的症状不仅出现在社交恐惧症患者身上。目前,全世界都在研究那些使人害怕与他人沟通交流的疾病。

其中一个典型例子就是孤独症谱系障碍。过去孤独症和亚斯伯格综合征被分到两个不同的类型,但现在已经合并成了孤独症谱系障碍。

在精神疾病中,孤独症谱系障碍被认为是一种尤为影响沟通能力的发育障碍,患者在与他人相互理解以及建立联系时会遇到很大的困难。

此外,还有学习障碍这一发育障碍。患者与"阅读""听力""口语""写作""计算"和"推理"能力有关的信息传递功能会受到影响,因此他们在与人沟通时会遇到困难。

这两种障碍与社交恐惧症不同,社交恐惧症往往是后天的经历造成的,而学界一般认为孤独症谱系障碍和学习

障碍与先天的大脑构造问题相关。但与此同时，两种障碍的患者也有各自的优势。比如，孤独症谱系障碍患者很难应对突发状况，但反过来能够严格遵守时间安排和截止日期，很少会在公司或学校请假。

正如在第2步中所提及的，患有各种障碍并不是绝对的劣势，关键是要充分发挥每个人独特的优势，并让周围的人理解自身的这些特点，最终做到各司其职、各得其所。

理解度测试

☐ 进行自主型沟通，尊重对方，同时肯定自己。

☐ 增加碰面的次数，逐渐与他人熟悉。

☐ 用镜像模仿法拉近双方的距离，营造能够畅所欲言的氛围。

☐ 为了更好地表达自己的想法，调整结论的位置。

☐ 要拉近与对方的距离，就要先通过自我披露敞开自己的心扉。

☐ 提议时，将其不好的一面也说出来，可以减轻内疚，同时也更容易让对方信服。

☐ 不用勉强自己找话说，有时候倾听也很重要。

第4步
如何缓解他人的紧张情绪

你身边是否也有社交恐惧症患者呢?如果你想要减轻他的烦恼,给予他帮助和支持非常关键。

01 身边人的支持非常重要

要缓解焦虑、安心工作,获得周围的人的理解与支持至关重要

社交恐惧症常在年轻人中出现。但近年来,30岁之后突然发作的情况也在逐渐增加。例如,在进行演讲展示或发表讲话时,突然紧张到无法开口。这种工作中的失败经历会成为发病的导火线。

任何人都会有紧张不安的情绪,只不过是程度有所不同。然而,患者本人可能因为得不到周围人的理解,正独自承受着痛苦。因此,<u>社交恐惧症患者要想缓解焦虑、安心工作,获得周围的人的理解与支持是不可或缺的</u>。如果你身边有人容易在公众场合紧张，那么请提供适当的支持，为他创造一个更好的工作环境。

用"社会支持"缓解焦虑

周围的人提供给个人的支持被称为"社会支持"。这不仅包括家人和朋友的帮助，还包括公司和地方政府等提供的支援和援助。

社会支持可以减轻焦虑，改善心理状态。美国心理学家卡普兰将社会性支持分为以下4类：

①情绪支持

情绪支持指的是通过鼓励和支持对方，为对方提供情绪价值。例如，对别人说"你很棒""真是难为你了""我站在你这边"等鼓励的话，都属于情绪支持。倾听对方的牢骚，缓解其消极情绪也属于这一类。

②实质支持

实质支持指的是借东西给对方、替对方做事情等物理上的支持。例如，提供资料、分担工作等都属于实质支持。

③信息支持

信息支持，指的是提供他人所需的知识、信息和建议，也被称为"间接支持"。例如，给对方介绍某个项目的专家，间接地对其工作进行支持，这也是信息支持的一种形式。

④评价性支持

评价性支持指的是对他人的想法和行为进行积极肯定的评价,也就是称赞对方。例如,表扬对方"承蒙你慷慨相助""找你真是找对人了"等,以及进行恰当的员工评价都属于评价性支持。

4种社会性支持

情绪支持

通过鼓励和支持对方,给予对方情绪价值。告诉对方"你很努力"或者听对方的抱怨,都属于此类

实质支持

借东西给对方,替对方做事情等物理上的支持。提供解决问题所需的资料,或提供工作上的帮助等

信息支持

提供他人所需的知识、信息和建议。给对方介绍能解决问题的人也属于信息支持

评价性支持

给予对方积极肯定的评价与支持。夸奖对方"找你真是找对人了",以及进行恰当的员工评价

提供社会支持时要避免适得其反

社会支持不仅会起到缓解个人焦虑的效果,如果团队成员之间互相提供社会支持,还有助于减轻整个工作环境的压力。

然而,提供支持的一方需要注意自己对待他人的态度。如果表现得过于刻意,用一种像是在出卖人情的态度进行支持,对方很容易就能察觉到。这样的态度会让对方感到不受尊重,变得不愿意再次寻求帮助。

特别是在鼓励对方时,很多人容易无意识地摆出一副高高在上的姿态。因此,在提供帮助时,要站在对方的立场上,尽量客观地审视自己的态度。此外,如果提供的支持不是对方所期望的,可能反而会给对方带来很大的压力。有必要与对方进行充分的沟通,了解他们在哪些情况下会感到紧张不安。让他们感受到"周围人会提供适当的支持"本身就是一种社会支持。与团队成员合作,共同营造一个适宜的环境吧。

要点

通过社会支持,创造一个能缓解紧张的环境

02 通过给人留下热情的印象来消除紧张感

要想营造能缓解紧张的氛围,团队成员给他人留下的印象也很关键

要营造出让人不觉得紧张的氛围,每个团队成员给他人的个人印象也很关键。你身边是否有人会给周围一种难以接近的感觉呢?也许,对于周围的人来说,你也是一个很难打交道的人。

跟那些很难接近的人说话的时候,人们容易感到紧张。如果没有必要,大家可能不会主动去跟这种人搭话。因此,要想营造出能缓解紧张的氛围,关键在于要给对方留下热情、温暖的印象。

短短一句话就能左右别人对你的印象

"他工作能力强,认真负责"和"他工作能力强,认真负责,但很冷漠"这两句话中,后者的"冷漠"会给人留下很强烈的印象。即使列举了许多积极的特点,只要一句"冷漠"就足以确立一个负面形象。这种能给人留下强烈印象的特点,被称为"中心特性"。

心理学家所罗门·阿希进行过一项实验。实验中,研究者先告诉实验对象某个人的性格特点,如"聪明""灵巧""勤奋"等,然后让他们给浮现在脑海中的人物形象下判断。在不同的组中,研究者分别使用了"冷漠"和"热情"这两个词。结果表明,听到"热情"这个词的人对那个人产生了良好的印象,而听到"冷漠"这个词的人则对那个人持有不良的印象。由此,实验揭示了"热情"这个词的重要性,它影响了一个人的整体形象。

因此,要给对方留下良好的印象,就要让自己显得更热情。在对话中加入一些能够让人感受到热情的词句,如"喜爱小孩和小动物""珍惜和家人在一起的时间",等等。如果给对方留下有人情味、温暖的印象,那么之后也能维持一个良好的印象。

第1步　第2步　第2步　**第4步**

一句话决定别人对你的印象

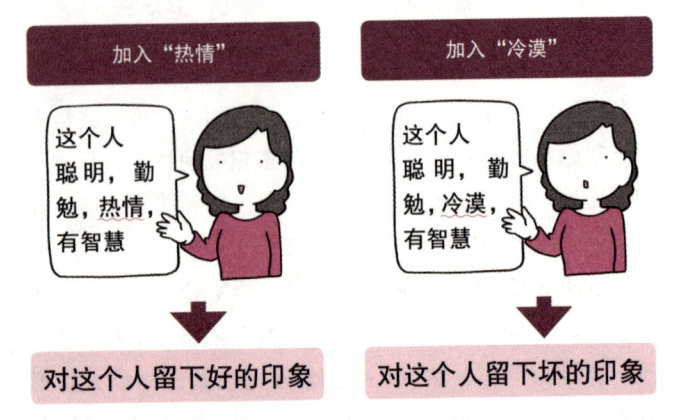

加入"热情"

这个人聪明，勤勉，**热情**，有智慧

↓

对这个人留下好的印象

加入"冷漠"

这个人聪明，勤勉，**冷漠**，有智慧

↓

对这个人留下坏的印象

要小心别人的闲言碎语

人们倾向于相信经第三方传达的信息，而不是直接从当事人那里获得的信息。自夸的"我很认真"和第三方评价的"他很认真"，我们会倾向于觉得后者更真实可信。这种心理效应被称为"温莎效应"。

心理学家哈罗德·凯利在大学里做过一项有趣的实验。在实验中，他告诉出席课程的学生，接下来的课程将由另一位讲师来代课，并给学生分发了两种不同的写有代课教师简历和性格的介绍文。文章都使用了间接引语，如"了解这位教师的人说……"等，从第三方的角度对代课讲师的性格进行了描述。与阿希的实验相同，两篇介绍文章唯一的不同之处，也是有关"冷漠"和"热情"的记述部分。在课后的调查求证中,读到了带有"热情"描述的介绍文的学生,与其他学生相比,对代课讲师产生了明显更好的印象。

这个实验说明,学生们对尚未谋面的讲师的印象,受到了第三方信息的深刻影响。由此可以看出,谣言与传闻具有非常大的影响力。

无论你多么热情待人,一旦有人向你的下属散布你很冷漠的传言,那你的一切努力都将化为泡影。为了避免这种情况发生,要对大家都保持始终如一的态度。让我们从日常生活中的一举一动做起,转变自己的意识吧。

影响个人印象的社交技能

要给对方留下良好印象,必须掌握一些社交技能。社交技能指的是建立良好人际关系时所需的技能。换句话说,社交技能就是与他人的交往方式和说话方式等。缺乏社交技能的人,会在与周围人沟通时遇到问题。

缺乏社交技能的人可以分为以下两种类型。请检查一下自己是否属于以下类型:

①攻击型

"攻击型"是指一味地大声强调自己想法的类型。攻击型的特征是没有边界感,会将自己的想法强加给别人,等等。

②**内耗型**

"内耗型"指的是不愿意将自己的想法公之于众的类型。他们害怕站在他人面前,即使在需要发言的场合也会压抑自己。

这种特点使得周围的人很难对他们产生好的印象。一个容易紧张的人更可能会避免与这两类人接触。为了给人留下好的印象,有必要掌握以下这些社交技能。

社交技能是沟通的基础

那么,社交技能包括哪些方面呢?社交技能包括说话方式、表情、手势等非言语沟通方式。非言语沟通在第3步中已有介绍。

具体来说,可以采取以下这些行为:

- 在职场碰面时打招呼
- 说话的时候保持眼神交流
- 在对方发言时点头回应

此外,社交技能还包括使用温暖而富有人情味的措辞。赞美、感谢、关心和鼓励的话也是不可或缺的。根据对方的状况和心情,改变自己说话方式的能力也是必要的。

像这样的社交技能,是与人进行沟通交流的基础。如果有容易紧张的社交恐惧症患者在身边的话,更是要根据情况斟酌该怎么做,营造出一种温馨舒缓的氛围。

给对方留下好印象的其他方法

留下好的第一印象

- 请多多指教!
- 我会好好努力!

要想让对方给自己更好的评价,可以在第一印象上下功夫。第一次见面时留下来的好印象会持续很长时间

在分别的时候留下一个好印象

- 您的一番金玉良言!
- 让我获益匪浅!

就算没能留下好的第一印象,如果在最后给对方留下了好的印象,对方对你的总体评价也会上升

要点

掌握社交技能,给对方留下温暖热情的印象

03 通过赞美对方来营造亲近的氛围

赞美对方是对对方的认可

在第1节介绍社会支持时也有提到,被人夸奖的时候,无论是谁都会感到开心。"好厉害!""太棒了!"如果有人对我们用这些溢美之词,我们自然会对其心生好感,因为获得赞美可以满足人内心被认可的需求,第3步中对此已有阐述。收获赞美和认可之后,人的动力和自信心也会提升。赞美对方,可以说是对对方的一种认可。

有些人不太擅长表扬别人,但是想要获得更好的人际关系,与他人进行顺畅的沟通,就必须对对方进行适当的赞美。学会赞美,让自己更好地与他人沟通吧。

赞美他人的4种方法

赞美他人的时候,如果夸不到点子上,可能会适得其反,给对方留下不好的印象。为了避免发生这种情况,要了解以下4种夸人的方式。

①相对评价

"相对评价"是通过将对方与他人进行比较来赞美对方。具体而言,"你比××工作更细致呢"就属于这一类。

②绝对评价

与相对评价相对应的是"绝对评价"的赞美方式。像"你工作很细致"这样,不与他人比较,直接表扬对方。

③结果评价

"结果评价"是仅表扬对方成果的方式。"你达成了目标,真厉害"就属于这一类。

④过程评价

与"结果评价"相对应的是"过程评价"。注重对方达成目标的过程和其在过程中经历的成长等。"你脚踏实地的努力终于取得了回报呢",这就是结果评价。

我们在赞美他人的时候,一般都会使用这4种方式中的某一种。

第1步　第2步　第2步　**第4步**

赞美他人的4种方式

① 相对评价

"你比××工作更细致呢!"

通过与他人进行比较来赞美对方。"你比××工作更细致呢""你在团队中工作效率最快呢",就属于这一类

② 绝对评价

"你工作很细致!"

不与他人比较,直接表扬对方。如"你工作很细致""你工作效率很高"

③ 结果评价

"你达成了目标,真厉害!"

仅表扬对方做出的成果。"你达成了目标,真厉害""你取得了很好的结果"就属于这一类

④ 过程评价

"脚踏实地地努力终于看到了成果呢!"

注重表扬对方达成目标的过程和经历的成长等。"你脚踏实地的努力终于取得了回报呢"就是这一类

绝对评价和过程评价让人更有成就感

你在这四种方式中,用得最多的是哪一类呢?这几种方法中,让获得表扬的人最有成就感的是绝对评价和过程评价。

绝对评价,表扬的是对方个人。而相对评价当中,会将他与其他人进行比较,所以对方会怀疑如果跟另一个人比较,自己是否还能获得赞美。所以,绝对评价更能让对方信服,可以有效地提升对方的自信。

而且,过程评价只有在你仔细观察过对方的行为之后才能做出。比起只评价对方的结果,评价过程更能体现你对对方的关注,所以能显著提高对方的动机水平。

此外,人的注意力更容易被变化吸引,所以"你最近有了很大的成长""这几年你真的很努力"等夸奖,能让人更加喜悦。

如果你的下属内心敏感细腻的话,将绝对评价和过程评价结合在一起会起到更好的效果。"完成了目标,你真棒!你一直以来脚踏实地的努力取得了回报呢!"可以像这样表扬下属付出的努力和工作的过程。但是要注意,不要总是用同一种方式夸奖对方,这样可能会让对方产生厌烦的情绪。要根据与对方的关系和具体情况,从这四种方式中选择合适的方法。

| 第1步 | 第2步 | 第2步 | **第4步** |

怎样夸到点子上

想要达到夸赞的效果,需要注意几点。首先要赞美对方的具体行动。谁都会说"你很努力"。但是,这往往会被对方当作客套话。我们要指出对方具体什么地方做得好。举个例子,如果夸奖对方"策划书的表格做得清晰明了",对方就能真正感受到你的关注。

其次,表扬不同的地方也很重要。如果总是只夸奖相同的地方,对方就会习以为常。但是,如果能夸奖那些他们自己没有注意到的地方,就能给他们带来新鲜的喜悦。此外,夸奖对方自认为不足的地方也很有效。

对于容易紧张的人,可以称赞他们"为人认真负责"。将不足转化为优点来表扬,对方会更容易产生自信。浮于表面的赞美,是无法触动对方内心的。要夸奖别人,就要端正态度,平时仔细观察,持续发现其优点。

借第三方之口来表扬对方也是一种有效的方法

有些人即使被表扬了很多次,也无法发自内心地高兴起来。那些不习惯被他人表扬的人,可能会认为那些表扬都是奉承话。遇到这种情况,通过第三方来转达你的赞美,是一种有效的方法。将赞美对方的话告诉跟对方交往很深的人,很快对方就会知道你表扬过他了。这么一来,对方会更加认同你的夸奖,从而产生积极正面的想法。

第1步　第2步　第2步　**第4步**

　　这就是第2节中介绍过的温莎效应的影响。比起被别人直接夸奖，人们会觉得通过第三方听到的夸奖更加可信。如果你觉得自己的夸奖总是起不到鼓励的效果，那就尝试一下这个方法吧。

利用温莎效应夸奖他人

××表扬你了哦！

是吗？这样啊。

由第三方转达的评价，更容易令人相信

要点

通过适当的表扬，让对方对你产生好感

04 怎样与紧张的人交流

能用"是"或"否"来回答的封闭式问题

在紧张的时候,任何人都无法顺畅地表达自己的想法。越是想要好好地表达自己,就越会加剧自己的紧张,变得越发词不达意。因此,在对话中缓解对方的紧张至关重要。

要想缓解对方的紧张,最有效的办法是把说话的主动权交给对方。有一个小技巧,那就是向对方提问。运用"封闭式问题"和"开放式问题"这两种提问技巧,可以让对方打开话匣子。

比如,对方在突然被问到"今天的会议开得怎样？"时，如果感到紧张，就很难顺畅地作答。答得不好，又会进一步加剧紧张感。因此，最开始可以提出封闭式问题，让对方用"是"或"否"来作答，尽量让对方多开口，适应对话。比如"会议资料已经准备好了吗？"或者"你喜欢音乐吗？"这类问题就属于封闭式问题。

此外，封闭式问题还适用于以下场景：
- **与不熟悉的人交谈时**
- **刚开始交谈时**
- **想得到对方同意并使交谈持续时**

封闭式问题的优势在于，只需要简单地回答"是"或"否"，不需要进行深思熟虑。在刚开始交谈时，提一些容易回答的问题，可以让对话的节奏更流畅，使对方放下心来。在这种情况下，预测一下对方的回答，提出能够得到肯定答复的问题，会产生更好的效果。提出问题，让对方做出肯定的回答，例如，"天气不错""是呢"，像这样重复几轮对话后，可以进一步营造出让人能畅所欲言的氛围。

此外，封闭式问题还有一个优点，那就是可以避免模棱两可的回答。类似于"下周三开个小会可以吗？"这样的问题，更容易得到对方的同意。对方也会觉得自己的话被你听进了心里，有助于增进互相之间的信任。

第1步　第2步　第2步　**第4步**

可以自由作答的开放式问题

开放式问题指的是对方可以自由发挥的问题。例如，前文提到的"今天的会议开得怎么样？"就是一个开放式问题。

与有社交恐惧症的人交谈时，可以先问封闭式问题，以缓解对方的紧张，然后逐渐过渡到开放式问题。

开放式问题可以运用到以下场景中：

- **双方之间有一定的信任基础时**
- **想要从对方处获得广泛信息时**
- **想要了解对方的真实想法时**

开放式问题没有对答案的限制。其优点在于，对方可以自由地表达自己的想法，从而更容易扩展交流的内容。此外，询问诸如"为什么你会这么想呢？"或"你为什么要这样做？"的问题，可以更好地了解对方的真实想法。反复追问对方，可以获得更多、更广泛的信息。

不过，由于答案不是固定的，对方也可能会陷入沉思，不知从何答起。遇到这种情况时，要注意不要露出急躁的表情。作为倾听的一方，要懂得忍受对方的沉默，包容对方的答案。当你表现出包容的态度后，对方也会打开心扉，让双方的关系越来越深。

第1步　第2步　第2步　**第4步**

开放式问题和封闭式问题

封闭式问题示例

- 会议的资料准备好了吗？
- 你喜欢音乐吗？
- 你喜欢高山还是大海？
- 你有目标了吗？

开放式问题示例

- 今天的会议开得怎么样？
- 你为什么会那么觉得呢？
- 你喜欢什么类型的音乐？
- 你定下了什么样的目标？

结合两种提问方式，让关系变得更加融洽

这两种技巧都有其各自的优缺点。封闭式问题由于答案受限，容易导致话题频繁中断。

而开放式问题，则有可能得到"没什么""都一般"的答复。但是，通过结合这两种提问方式，可以实现高质量的沟通。下面以上司和有社交恐惧症的A进行的对话为例。

上司："你总是在外面吃午饭吗？"（封闭性问题）

A："是的，我大部分时间都在外面吃。"

上司："我也是啊，你喜欢吃什么菜系？"（开放性问题）

A："这个嘛，我喜欢西餐。"

上司："不错啊。昨天你去吃了吗？"（封闭性问题）

A："没有，昨天没去成。"

上司："是吗？这附近有什么推荐的店吗？"（开放性问题）

A："有一家叫××的店挺好吃的。"

如果在一开始就问问"有什么推荐的店吗？"，对方可能会感到不知所措。但是，通过一步一步铺垫，对方就能毫不犹豫地答上来了。

通过反复使用这两种技巧，对话会不断扩展，双方也更容易打开心扉，变得更加亲近。

加入非言语沟通会让效果更好

在提问时，结合之前第3步中介绍的非言语沟通的技巧，效果会更好。

其中包括"与对方眼神交流""露出微笑""冷静、慢条斯理地说话"，以及"适度点头附和"这4项技巧。在提问时采取这样的姿态，可以更高效地建立起相互信赖的关系。

为了与对方产生共鸣，将目光投向对方是很重要的。如果一直凝视着对方的眼睛，可能会让对方感到紧张，所以可以望向对方的脸部，并偶尔进行眼神交汇。同时，注意保持微笑，并以镇定的声音，慢条斯理地说话，这样会让对方产生好感。此外，不要忘记适度地点头附和对方。表现出你对话题的兴趣，会让对方感到亲切，交流起来也会更加流畅。

社交恐惧症患者非常敏感，即使是一些微小的刺激，也会被他们敏锐地察觉到。灵活运用之前介绍的封闭式问题、开放式问题和非言语沟通等技巧，努力营造一个轻松的氛围吧。

要点

运用提问技巧，深化双方关系

05 在责备他人前要注意这几点

批评他人时要考虑对方的感受

在工作中,失败是难以避免的,没有人敢说自己从未失败过。即便是有过被人责骂的不愉快经历的人,一旦站到上司或前辈的位置上,也会意识到自己有责任去提醒和批评下属。

如果对失败视而不见,反而会剥夺下属成长的机会。如果对方没有意识到问题的严重性,他们可能会一再犯同样的错误。

批评他人时需要相应地考虑对方的感受。这一点在批评患有社交恐惧症的人的时候尤为重要。想要确保对方能正确地接受批评意见,就要掌握一些批评的方法和技巧。

在批评他人之前,有必要了解"批评"和"发火"的区别。"批评"是在对方犯错的时候,为了对方着想而进行提醒的行为。而"发火"则是一种单纯将自己的情绪发泄给对方的行为。换句话说,"发火"是为了让对方知道自己正在生气,或者是为了发泄自己积郁的情绪。

发火只不过是利用对方来进行宣泄而已。"宣泄"是指通过发泄情绪来使自己心情舒畅的行为。如果对方只是单方面地宣泄怒火,被训斥的一方就会心怀不满,产生抵触心理。所以,"批评"比"发火"更能让对方接受。

运用"借来的小猫咪"法则,巧妙地批评对方

如何巧妙地进行批评呢?在这里为大家介绍一个著名的批评秘诀——"借来的小猫咪(かりてきたネコ)[1]"法则。

"か"——不情绪化(感情的にならない)

"り"——把理由说清楚(理由をきちんと話す)

"て"——简明扼要(手短に終わらせる)

"き"——对事不对人(キャラクターには触れない)

---

[1] 分别取自秘诀每一句话的第一个日文读音。——译者注

第1步　第2步　第2步　**第4步**

"た"——不牵扯别人（他人と比較しない）

"ネ"——不记仇（根に持たない）

"コ"——个别沟通（個別に伝える）

①不情绪化

如果在对方面前展现出情绪化的一面，对方就会变得畏缩不前，无法把我们的话装进心里。可以先冷静下来，独自总结一下有哪些地方希望下属改进。

②把理由说清楚

我们有责任向对方说明为什么要批评他。如果对方不清楚你批评他的原因，就意识不到自己的错误，进而可能会误以为你批评他是因为讨厌他这个人。

③简明扼要

如果没完没了地说个不停，对方会产生厌烦的情绪，导致对方领悟不到重点。最好把批评的内容要点归纳起来，尽量在五分钟内结束。

④对事不对人

对方的性格和为人与工作上的失误没有直接的联系。"你做错事是因为你总是吊儿郎当的"，这样的措辞很可能会使对方心生抵触。批评的时候，要从对方采取的行动和造成的结果等事实入手，对事不对人。

⑤不牵扯别人

类似于"××都做到了，你怎么做不到？"这种与他人的对比，会伤害对方的自尊心。也许你是想激起对方的斗志，但这种话只会让对方失去自信。如果要进行比较的话,将对方的过去与现在进行纵向对比效果会更好。

⑥不记仇

当你提及对方过去犯的错时,对方会觉得你不信任他。因此,应避免总是旧事重提。

⑦个别沟通

即使明白自己有错,在公开场合遭受批评也是一件很羞耻的事。在批评对方时,应找准时机,在和对方独处的时候进行;或者将对方带到另一个房间,确保在一对一的情况下进行批评。

学会恰当的批评方式,有助于更好地传达出重点信息。遇到害怕与他人交往或容易脸红的人,在批评教育的时候,更是要时刻牢记顾及对方的感受,这也有助于构筑良好的人际关系。

在批评时加入对对方的期待

有些人在被批评后会迸发更强的动力,而有些人则会失去自信心。有社交恐惧症的人,可能更多属于后一种类型。

心理学研究表明,相较于批评指责,对对方的期待更能促进其能力的发展。这种现象被称为"皮格马利翁效应",由美国心理学家罗伯特·罗森塔尔的实验证实。他的实验旨在研究教师的期望是否会影响学生的成绩。结果表明,备受老师期待的学生,其成绩相比于其他学生有显著提高。

皮格马利翁效应不仅可以应用在教育领域,也可以运用到职场上。上司通过语言表达对下属的期望,可以提高他们的工作动力,并且能够使其更容易取得成果。

然而,如果过分在意皮格马利翁效应,而疏忽了对下属的批评,会得不偿失。提出期望要与前面提到的批评法则相结合,例如,在批评后不要说"别总犯同样的错误",而是告诉对方"如果你做到了这一点,会成长很多",在批评后加上期望的话。

但是,过高的期望会给对方造成压力。关键在于根据对方的情况,适度地对对方表现出期待。

重复消极的话语会让对方丧失信心

与皮格马利翁效应相对立的心理效应是"魔像效应(Golem Effect)"。魔像效应指的是通过持续给他人施加负面的评价,导致对方的表现真的出现下滑的现象。假设上司长期批评一个容易犯错的下属说"你真没用",被不断贬低的下属就会信以为真,逐渐失去工作的积极性,导致工作效率持续下降,越发被上司当成没用的人。

人们往往会根据自己的信念采取相应的行动,这就是心理学中所称的"自我实现的预言"。如果坚信自己考不好,就会变得忧心忡忡,无法专注于学习,结果真的就会考不好。

此外,还要注意自己的态度。即使没有用语言表达出来,如果你不满的态度被对方察觉到的话,也可能会造成同样的影响。

在批评下属时,应该充分肯定他们的优点并给予支持。期待的话语有助于构建信赖关系。

支持患有社交恐惧症的人

到目前为止,我们介绍了很多方法,告诉大家如果身边有社交恐惧症患者,应该如何与他们相处。

年轻一代的人中,有很多人都有社交恐惧症。根据某公司的调查,对于"在工作中是否对接打电话感到抵触"这一问题,超过一半的人回答"感到抵触"。智能手机的普及,导致利用网络聊天软件进行文字交流的情况大大增加,不习惯电话沟通也许是人们抵触电话沟通的原因之一,但其中也不乏真的患有电话恐惧症的患者。站在为他们着想的角度,应该避免以工作为理由,强迫他们去打电话。要尽量做到关心和支持患有社交恐惧症的人。

要点

在批评下属时,表达出你的期待

第1步　第2步　第2步　**第4步**

专栏 4

不要忽视他人发出的疲惫信号

正如前文中说的，有社交恐惧症的人内心非常敏感细腻。他们因为不擅长与他人沟通而感到烦恼，往往在别人尚未察觉时，就累积了巨大的压力，导致身心疲惫。

如果看不到社交恐惧症患者发出的求救信号，他们可能会越陷越深，发展为抑郁症，直至危及生命，造成最坏的结果。为了避免这样的情况，我们应该注意社交恐惧症患者发出的"疲惫信号"。

这些"疲惫信号"因人而异。例如，对方可能会逐渐变得面无表情，越来越沉默寡言，等等。有些人可能会变得对轻微的动静过于敏感，这被称为"注意力亢进"。

如果你身边有人表现出这样的"疲惫信号"，请注意与他们交往时要温柔体贴。

但要注意，不能用"加油"之类的话语来鼓励他们。处于困境之中的他们，已经在拼命努力了。如果一味敦促他们继续加油，他们可能会在精神上崩溃。

实际上，在2011年的东日本大地震之后，灾区收到了来自日本各地和全世界的加油鼓劲的信息，但当地居民却对这些鼓励较为抵触。

精神上疲惫的人往往对鼓励的话语持消极的态度，所以在与对方交流时，措辞必须谨慎。唯一放之四海皆准的，就是在他们身边支持他们。关键在于耐心地给予支持，直到他们恢复健康。

理解度测试

☐ 取得身边的人的"社会支持",克服社交恐惧症。

☐ 让对方感受到你的热心,创造能够畅所欲言的环境。

☐ 在与社交恐惧症患者沟通时,要灵活运用社交技能。

☐ 结合绝对评价和过程评价来赞美对方,提高对方的自我肯定感。

☐ 在提问的时候,以可以自由回答的开放式问题为主。

☐ 在批评对方的时候记住批评的法则。

☐ 批评之后也要肯定对方的优点。

参考书籍

[1] ゆうきゆう.お人よしのアナタへ贈る"損をしない心理術[M].東京：アメーバブックス，2006.

[2] ゆうきゆう.『なるほど!』とわかる マンガはじめての他人の心理学[M].東京：西東社，2015.

[3] ゆうきゆう.マンガでわかる! 心理学超入門[M].東京：西東社，2017.

[4] ゆうきゆう.マンガでわかる! 対人関係の心理学[M].東京：西東社，2019.

[5] ゆうきゆう.もうひと押しができない! やさしすぎる人のための心理術：『言いたいこと』が上手に伝わる[M].東京：三笠書房，2019.

[6] ゆうきゆう.マンガ版 ちょっとだけ・こっそり・素早く『言い返す』技術[M].東京：三笠書房，2020.

[7] 水島広子.対人関係療法でなおす社交不安障害：自分の中の『社会恐怖』とどう向き合うか[M].大阪：創元社，2010.

[8] 清水栄司.自分で治す『社交不安症』[M].東京：法研，2014.

[9] 貝谷久宣.社交不安症がよくわかる本[M].東京：講談社，2017.

[10] 根本橘夫.社交不安を乗り越える技術『人前に出るのが怖い』を治す本[M].東京：秀和システム，2016.

[11] 木村昌幹.精神科医が書いた あがり症はなぜ治せるようになったのか[M].東京：現代書林，2017.

术语索引

数字

5-羟色胺	17, 59, 64–65, 102

A

ABCDE理论	25–27
阿尔伯特·艾利斯	24
艾伯特·麦拉宾	125

B

被认可的需求	134, 160

C

成功恐惧症	47–48
成就需求	47
纯粹曝光效应	99–101

D

电话恐惧症	7–9, 177
对人恐惧症	2–3, 9, 16

F

反高潮法	111–115
反馈策略	131–132
反射策略	130, 132
防御机制	20–21
非言语沟通	124–127, 158, 171,
分散策略	130, 132
封闭式问题	166–170

G

高潮法	111–112, 114–115
格兰尼·菲茨西蒙斯	118

| 格雷戈里·拉兹兰 | 101 |

H

哈罗德·凯利	156
哈罗德·斯波姆伯格	111
互惠	117, 119
回溯法	108

J

积极错觉	78, 88
渐进式肌肉放松	71–73, 90
交互抑制	70, 73–74, 90
结果评价	161–162
借来的小猫咪	173
镜像模仿	104–109, 127, 137, 148
绝对评价	161–163, 180

K

卡尔·古斯塔夫·荣格	82
卡尔·罗杰斯	135
开放姿势	29
开放式问题	166, 168–171, 180

L

联想原理	102
两面提示	121–123
罗伯特·罗森塔尔	175
罗伯特·扎荣茨	99

M

马克·斯奈德	137
麦拉宾法则	125
魔像效应	176

N

尼尔森·琼斯	130
你信息	143-144
诺伯特·施瓦茨	58

P

皮格马利翁效应	175-176
评价性支持	152

Q

倾听的能力	135-137
情境效应	118-119
情绪一致性效应	56-57
情绪支持	151-152
权宜从众	36

R

人格面具	82-87, 90
人格面具绘画	83-85
人际知觉需求	35
认知偏差	37, 39

S

社会支持	15, 151, 153, 160, 180
社交技能	157-159, 180
社交恐惧症	1-6, 8-10, 12, 14-17, 20-23, 28, 34, 41, 48-49, 51-56, 65, 68, 76, 78-79, 84, 91, 95, 133, 139-140, 146, 149-150, 158, 168, 170-172, 175, 177-178, 180
视线恐惧症	3, 7-9
收缩姿势	29
书写恐惧症	7, 9

所罗门·阿希	155

T

塔尼娅·莎特朗	108
提问策略	130-132
统一步调	106, 109, 127
拖延策略	131-132

W

妄下结论	23
温莎效应	156, 165
我信息	143-145
午餐技巧	101-103

X

西奥多·纽科姆	104
习惯性动作	60-64
相对评价	161-163
相似律	104-105
谢利·泰勒	78
信息支持	151-152
宣泄	173
选择性5-羟色胺再摄取抑制剂（SSRI）	22

Y

亚伦·贝克	23

一面提示	120–122
意象引导	77–78
优势利用	80
约翰·巴奇	108
约瑟夫·沃尔普	70

Z

扎荣茨效应	99
中心特性	155
转述	137
自动化效应	142
自生训练法	71
自我暗示	49, 51
自我表露	116–119
自我监控	137–139
自我肯定感	19, 40, 80, 86, 180
自我肯定式回应	71
自我设限	46–47
自我实现的预言	176
自我效能感	43–45, 54
自我意识过剩	18, 34–35
自主型沟通	93–97, 148
自尊心	40–41, 174